はじめてでも安心！

PayPay ではじまる
最高に便利でおトクな生活

著 坂井きょうこ（スマっ子）

PayPay公式ガイドブック

SB Creative

本書に関するお問い合わせ

この度は小社書籍をご購入いただき誠にありがとうございます。小社では本書の内容に関するご質問を受け付けております。本書を読み進めていただきます中でご不明な箇所がございましたらお問い合わせください。なお、お問い合わせに関しましては下記のガイドラインを設けております。恐れ入りますが、ご質問の際は最初に下記ガイドラインをご確認ください。

ご質問の前に

小社Webサイトで「正誤表」をご確認ください。最新の正誤情報をサポートページに掲載しております。

- 本書サポートページURL

  https://isbn2.sbcr.jp/19985/

ご質問の際の注意点

- ご質問はメール、または郵便など、必ず文書にてお願いいたします。お電話では承っておりません。
- ご質問は本書の記述に関することのみとさせていただいております。従いまして、〇〇ページの〇〇行目というように記述箇所をはっきりお書き添えください。記述箇所が明記されていない場合、ご質問を承れないことがございます。
- 小社出版物の著作権は著者に帰属いたします。従いまして、ご質問に関する回答も基本的に著者に確認の上回答いたしております。これに伴い返信は数日ないしそれ以上かかる場合がございます。あらかじめご了承ください。

ご質問送付先

ご質問については下記のいずれかの方法をご利用ください。

▶ Webページより

上記のサポートページ内にある「この商品に関する問い合わせはこちら」をクリックすると、メールフォームが開きます。要綱に従って質問内容を記入の上、送信ボタンを押してください。

▶ 郵送

郵送の場合は下記までお願いいたします。

〒106-0032　東京都港区六本木2-4-5

SBクリエイティブ　読者サポート係

• はじめに •

　近年、コンビニや飲食店など日常の多くの場面でスマートフォンによる支払いが一般的となってきました。中でも PayPay の存在感は際立っており、日本の人口の約 2.3 人に 1 人が登録しています。これまでスマートフォンでの支払いを敬遠していた人も、そろそろ利用し始めたいと感じているのではないでしょうか。

　本書は以下のような方々のための「公式ガイドブック」です。
- PayPay を始めたいが、何から始めたらよいのかわからない
- すでに PayPay を使っているが、もっと色々な機能を活用したい

　本書を読むことで、次のような疑問や不安を解決できます。
「PayPay の具体的な使い方は？」
「セキュリティや不正利用の補償は？」
「ポイントの貯め方や利用方法は？」
「スマートフォンを紛失した際の対処法は？」

　PayPay の登録からチャージ、店頭での支払い、ネットショッピング、請求書払い、残高の送付、ポイント獲得の方法や使い方、クーポンやキャンペーンの活用法、そしてセキュリティ対策まで幅広く網羅しています。実際のスマートフォン画面を使った解説を交えているため、スマートフォン操作が得意でない方でも理解しやすくなっています。何か疑問や不明点が生じた際にも、本書を手元に置いておけば、すぐに調べて解決するのに役立ちます。

　本書を通じて、PayPay の便利さやメリットを実感していただければ幸いです。

2023 年 9 月

坂井きょうこ（スマっ子）

・ 本 書 の 読 み 方 ・

本書は PayPay の操作やおトクな情報を解説しています。

豊富な図版を利用した紙面で、誰でも迷わず PayPay を使いこなすことができます。

PayPay アプリのアップデートやご利用の環境などにより、差異がある場合があります。あらかじめご了承ください。

概要
テーマをコンパクトに紹介

Point
注意点や補足

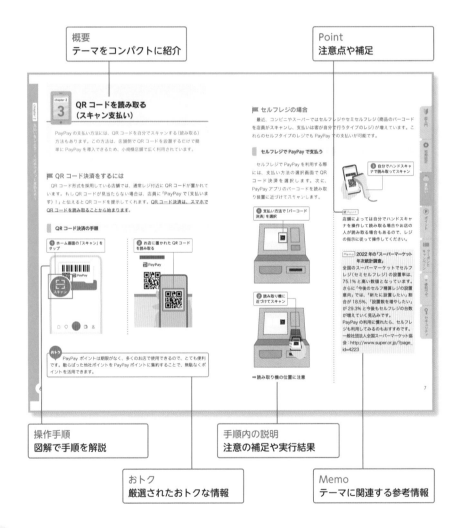

操作手順
図解で手順を解説

手順内の説明
注意の補足や実行結果

おトク
厳選されたおトクな情報

Memo
テーマに関連する参考情報

Contents

Chapter

P **3** おトクにポイントを使おう！
　〜 PayPay の良さはポイントにあり〜
　　　　　　　　　　　　　　　　　　　　　　　　　95

Chapter
4 もっとおトクに使おう！
~クーポンとおトクなキャンペーン~

0

PayPay ですぐできる！
～便利なキャッシュレス生活～

chapter 0
1 生活のこんなシーンで使える 便利な PayPay ！

PayPay（ペイペイ）は、スマートフォンを使った決済アプリです。 PayPay を利用するとお財布を出したり、小銭を探したりすることなく、 スマートフォンだけで支払いができるため非常に便利です。

便利な利用シーン

①買い物や飲食店での支払い（Chapter2 p.65）

②安全でスピーディーなネットショッピング（Chapter2 p.79）

③公共料金や税金の支払い（Chapter2 p.71）

④友人との食事代金の精算（Chapter5 p.128）

⑤子供のお小遣い（Chapter6 p.163）

▼ PayPay の利用シーンのイメージ

① 現金・カード不要で 色々な場所で支払える

② ネットショップで クレジットカード番号の 入力不要

③ 自宅で24時間 いつでも支払える

④ 1円単位で精算できる

⑤ 離れた場所から24時間365日 いつでも手数料無料で残高を 送付できる

☑ Point

PayPay はオンラインショッピングやデリバリー注文にも使用できます。

☑ Point

PayPay は未成年者でも利用できるため、子供に残高を送付することもできます。 スケジュール機能を活用すれば毎月設定した日に自動で残高を送れます。

chapter 0
2 初心者が PayPay を使うべき理由

> スマートフォンを使った決済方法はいくつかありますが、その中でも初心者が PayPay を選ぶべき理由を紹介します。

🚩 簡単にはじめられる！

　PayPay の登録は他のスマホ決済に比べて非常に簡単です。**スマートフォンと電話番号があればすぐにはじめられます**（最短 1 分で登録完了！）。登録の際に氏名や住所などの個人情報を入力する必要はありません。また、**登録、チャージ、支払いなど PayPay でよく使う機能は手数料無料で利用できます**。

🚩 利用できる店舗数が多い！

　PayPay の加盟店舗数は 410 万カ所[※]を超えており、コンビニ、ドラッグストア、スーパーなどのチェーン店だけでなく、個人経営の小さな店舗でも使えるお店が多くあります。**小規模な店舗では、支払い方法が現金または PayPay のみである場合も珍しくありません。**

　PayPay が使えるお店では、店頭やレジ付近に PayPay のマークがあります。

▼ レジ付近にある PayPay マーク

※「PayPay」への登録箇所数の累計です。2023 年 3 月時点。

ポイントが貯まる！

PayPay で支払うと支払い金額や回数に応じて **PayPay ポイント**が貯まります。貯めたポイントに有効期限はなく、1 ポイントは 1 円として PayPay が利用できるお店で使用可能です。

PayPay ステップでのポイント付与率が 1.5%の場合

・スーパー	月 4 万× 12 か月	7,200 ポイント
・外食	月 1 万円× 12 か月	1,800 ポイント
・コンビニ	月 5,000 円× 12 か月	900 ポイント
・洋服代	月 1 万円× 12 か月	1,800 ポイント

年間 11,700 ポイントが貯まります！

▼ ポイントがザクザク貯まる

PayPay
ポイント

クーポンやキャンペーンがおトク！

PayPay では、クーポンの配布や定期的なキャンペーンが実施されています。特に注目すべきキャンペーンとして、全国の自治体が PayPay を利用して開催するキャンペーンがあります。これらのキャンペーンでは、ポイント付与率が 20 ～ 30%と高いことが多く、おトクに買い物を楽しむことができます。

セキュリティが高く、補償やサポートが充実！

PayPay では不正利用を防止するため、厳格な対策が取られています。万が一不正利用されてしまった場合でも、全額が補償されるので安心して使うことができます。

PayPay はクレジットカードより安全

超入門

初期設定

支払い

P ポイント

クーポンと
キャンペーン

便利ワザ

セキュリティ

セキュリティ面の不安から、PayPay などのスマホ決済サービスの利用を
ためらってしまう人もいるでしょう。しかし、PayPay のセキュリティは
非常に高いため、安心して利用できます。
PayPay の 2021 年における不正利用発生率はわずか「0.001%」と低く、
クレジットカードの約 50 分の 1 です。

⚑ 二要素認証

新規登録時や新たなデバイスからのログイン時には、スマートフォンの電話番号
を利用した二要素認証（SMS 認証）で本人確認が行われます。**SMS 認証は、スマー
トフォンに送信された認証コードを利用して本人確認をする仕組みです。**PayPay
の SMS 認証では、数字とアルファベットを組み合わせた認証コードが使用され、
より安全性が高いものになっています。

▼二要素認証

「アルファベット＋数字」

⚑ 暗号化技術

PayPay では、個人情報や取引データは暗号化技術を利用して保存しています。
これにより、第三者がデータを盗み見ることができないように保護されています。

▼暗号化技術

不正利用検知システム

　PayPay は、**不正利用検知システム**を導入しており、不正利用が検知された際には、速やかにアカウントを利用停止し、被害の拡大を防止します。このシステムに加え、専門のスタッフが 24 時間体制で監視を行っています。

▼ 不正検知システム

安心の全額補償

　仮に第三者による不正利用の被害にあった場合でも PayPay の補償制度により、被害の**全額**が補償されます。さらに、**24 時間 365 日対応の電話サポート**が設置されているため、問題が発生しても速やかに対処できます[※]。

▼ 24 時間 365 日対応の電話サポート

お困りですか？

利用可能額を自分で設定できる

　PayPay では 1 日ごとや 1 カ月ごとの利用可能額を自分で設定できます。設定した金額を超えると設定した期日まで使用することができなくなります。使いすぎや不正利用を防ぐために、利用可能額を設定しておくことで、より安全に PayPay を利用することができます（設定方法は Chapter6 p.154）。

▼ 利用上限の設定

Stop　「予算内で出費をコントロール」

※被害に遭われた方に故意または重大な過失などがあった場合は、補償できない場合があります。

chapter 0 4 銀行口座・クレジットカード登録なしでも大丈夫

キャッシュレス決済には銀行口座やクレジットカードの登録が必要だと思われがちですが、PayPayを利用する場合、銀行口座やクレジットカードは必ずしも必要ではありません。銀行口座やクレジットカードの登録が面倒に感じる方や、登録が不安な方は、まずは現金でのチャージ（Chapter1 p.38）からはじめてみることをおすすめします。

◤ 個人情報の登録に抵抗がある人におすすめ「現金のチャージ」

現金のチャージを利用する場合、氏名や住所などの個人情報を登録することなく、簡単にPayPayを使いはじめることができます。

PayPayはコンビニにあるATM（セブン銀行ATM・ローソン銀行ATM）から現金でチャージができ、チャージしたお金はすぐにPayPayでの支払いに使えます。

◤ まとめて支払える！「電話回線とまとめて支払い（チャージ）」

ソフトバンク、ワイモバイル、LINEMOの電話回線を利用している方は、チャージした金額を電話料金と一緒に支払うこともできるので、さらに簡単に利用できます。

> Memo
>
> 「電話回線とまとめて支払い」では毎月1回目は手数料がかかりません。ただし、2回目のチャージからは2.5%の手数料が発生します。他のチャージ方法では手数料は何度でも無料です。

◤ PayPayに慣れたら「銀行口座」や「クレジット」でのチャージに切り替えてみよう

PayPayを利用する中で、もっと手軽で便利にPayPayを使いたいと感じた場合には銀行口座やクレジット（PayPayカードを利用した支払い方法）を検討してみてください。現金でのチャージのためにATMまで出向くことなく、スマートフォンだけでPayPayを利用できるため利便性が向上します。

> ☑ Point
>
> 銀行口座を登録すると、もしもPayPayにチャージし過ぎてしまっても、銀行口座に出金（払い出し）ができるというメリットがあります。

chapter 0

5 PayPay の画面を見てみよう

PayPay アプリのホーム画面上部にはバーコード・QR コードやスキャン、残高の送付、チャージなどの支払いに関する機能が表示されており、PayPay の基本的な操作はこの画面で行います。

▼ PayPay のホーム画面

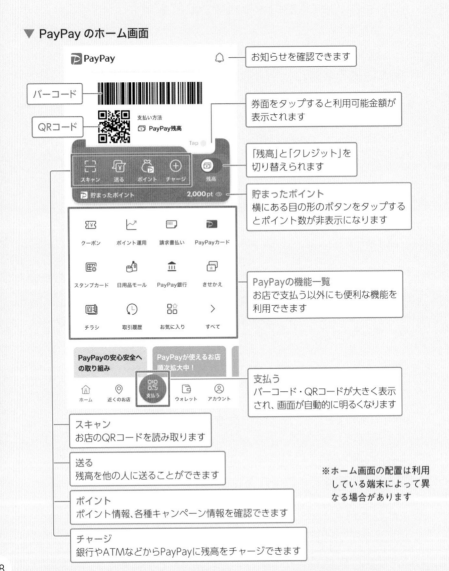

お知らせを確認できます

券面をタップすると利用可能金額が表示されます

「残高」と「クレジット」を切り替えられます

貯まったポイント
横にある目の形のボタンをタップするとポイント数が非表示になります

PayPayの機能一覧
お店で支払う以外にも便利な機能を利用できます

支払う
バーコード・QRコードが大きく表示され、画面が自動的に明るくなります

スキャン
お店のQRコードを読み取ります

送る
残高を他の人に送ることができます

ポイント
ポイント情報、各種キャンペーン情報を確認できます

チャージ
銀行やATMなどからPayPayに残高をチャージできます

※ホーム画面の配置は利用している端末によって異なる場合があります

　支払いで主に利用するのは、一番上の「バーコード」とバーコードの下にある「赤い四角で囲まれた部分」です。

Memo
画面の中央部分にはクーポン、ポイント運用、保険などの PayPay のさまざまなサービスが一覧で表示されています。PayPay をもっとおトクに、便利に使える機能が含まれているため、PayPay の支払いに慣れたらぜひ使ってみましょう。

▼ PayPay の支払い画面

❶ 「支払う」ボタンをタップ

❷ 大きなバーコードが表示され、画面が自動的に明るくなる

memo

1

PayPay をはじめよう！
～必要なのはスマホだけ～

1 初心者向けの基本設定

PayPay を利用するにはアプリのダウンロードと利用登録が必要です。登録は簡単な操作で、最短 1 分で完了します！

▶ PayPay をはじめるのに必要なもの

PayPay をはじめるには、基本的にスマートフォンがあれば問題ありません。必要なものや環境についても紹介します。

▼ スマートフォン

PayPay は、iPhone と Android の両方に対応しています。Apple Pay やおサイフケータイに対応していないスマートフォンでも PayPay を使うことができます。

> Memo
>
> iPhone は iOS 13.0 以上、Andoroid スマートフォンは Android 7.0 以上が推奨環境です (2023 年 8 月時点)。

▼ PayPay アプリ

無料でダウンロードできます。

▼ 電話番号

PayPay に登録する際には、認証コードが SMS (ショートメッセージ) で送信されます。そのため、SMS を受信可能な電話番号が必要となります。

▼ インターネット接続

PayPay を利用するには 4G/5G や Wi-Fi などの通信環境が必要です。基本的には、インターネットに接続されていない状態では PayPay での支払いはできません。

> Memo オフライン支払いモード
>
> インターネットに接続できない場合は「オフライン支払いモード」が利用できます。これはバーコード支払いの店舗のみで利用でき、決済金額や回数の上限があります。
> https://about.paypay.ne.jp/pr/20230720/01/

📣 PayPay アプリをダウンロードする

　PayPay アプリは、アプリダウンロード QR コード、もしくは次の手順でダウンロードできます。

▼アプリダウンロード QR コード

■ PayPay アプリのダウンロード

iPhone の場合

❶ 「App Store」をタップ

❷ 虫眼鏡マーク（検索）をタップ

❸ 検索バーに「PayPay」と入力

❹ 「検索」をタップ

❺ 「入手」をタップ

➡ Face ID（顔認証）の場合はサイドボタンをダブルクリックするとインストールがはじまる

➡ Touch ID（指紋認証）の場合はホームボタンに触ればインストールがはじまる

超入門

初期設定

支払い

P ポイント

クーポンとキャンペーン

便利ワザ

セキュリティ

➡アプリがインストールされると「開く」に変わる

➡スマホのホーム画面にPayPayのアイコンが追加される

Androidの場合

① アプリ一覧またはホーム画面にある「Playストア」をタップ

② 画面上部の検索バーに「PayPay」と入力

③ 右下の虫眼鏡マークをタップ

④ 「インストール」をタップ

➡ アプリがインストールされると「開く」に変わる

➡ スマホのホーム画面に PayPay のアイコンが追加される

PayPay の利用登録をする（アカウント登録）

PayPay アプリがインストールできたら、アカウントを登録しましょう。

アカウントの利用登録手順

➡ PayPay アプリをタップして開く

❶ 携帯電話番号を入力し、好きなパスワードを設定する。「上記に同意して新規登録」をタップ

➡ メッセージアプリなど SMS を確認するアプリに切り替える

❷ 登録した電話番号宛に SMS（メッセージ）で認証コードが送信されたことを確認

③ 受信した 4 桁の認証コードを入力

AB- 1 2 3 4

➡ 登録が完了し、PayPay アプリの
ホーム画面が開く

Memo

PayPay の利用登録は、Yahoo! JAPAN ID やソフトバンク・ワイモバイルのアカ
ウントでも登録できます。

Point **PayPay のパスワード**

PayPay のパスワードは次の条件を全て満たす必要があります。

・6 文字以上、32 文字以内
・大文字アルファベット、小文字アルファベット、数字の 3 種類を全て使用する

設定したパスワードはあとから確認できないため、適切に管理しましょう。万一、
パスワードを忘れてしまった場合は再設定を行うことが可能です（Chapter6
p.156）。

Column　**PayPay アプリを削除するとどうなる？**

....

PayPay アカウントは、基本的に電話番号とパスワードで管理されています。
そのため、PayPay アプリを削除しても、再度アプリをダウンロードして、
同じ電話番号とパスワードでログインすれば、以前と同じ状態で利用できま
す。残高や取引履歴なども変わりません。
もしも、誤ってアプリを削除してしまっても安心です。

☑ Point　プッシュ通知

プッシュ通知を要求された場合は、「プッシュ通知をオンにする」を選択しましょう。
通知をオン（許可）にすると PayPay からの重要なお知らせをすぐに確認することが
できます。プッシュ通知はホーム画面下の「アカウント」から「通知設定」を開いて
いつでも変更可能です。

▼ プッシュ通知の設定

❶ 「プッシュ通知をオンにする」を
タップ

❷ 「許可」をタップ

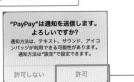

➡ プッシュ通知を許可できた

あとから変更する場合

❶ 「アカウント」をタップ

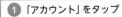

❷ 「通知設定」をタップ

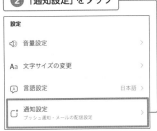

❸ 「プッシュ通知」をタップ

➡ 端末の設定アプリが開く

❹ 「通知」をタップ

❺ 「通知を許可」のボタンをオンにする

2 支払い方法を設定しよう

PayPay には「残高」と「クレジット（旧あと払い）」の 2 つの支払い方法が
あります。残高での支払いは、Suica や nanaco などのプリペイド型電
子マネーと同様に、先にお金をチャージして、その残高から支払う方法で
す。「クレジット」は PayPay カードで支払う方法です。

▰「残高」と「クレジット」どちらを選ぶべき？

　PayPay でどちらの支払い方法を選択しても問題ありません。一方、キャッシュ
レス決済に慣れていない初心者にとっては、残高での支払いのほうがシンプルで理
解しやすいかもしれません。どちらを利用すべきか悩ましいときは、まずは残高で
の支払いからはじめて PayPay に慣れ、その後、クレジットが便利と感じるよう
であればその時にクレジットを利用するのもよいでしょう。

▰ 残高での支払いとは

　残高は、PayPay での支払いに利用できます。

　残高での支払いは、PayPay にあらかじめお金をチャージ（入金）しておき、残高
から支払う方法です。

　PayPay へのチャージ方法としては、「コンビニ ATM を利用した現金チャージ」
や「銀行口座からのチャージ」などがあります（詳しくは Chapter1 p.38）。

　残高での支払いはあらかじめチャージした金額の範囲内で利用するため、使い過
ぎの心配がなく、PayPay 初心者には特におすすめの支払い方法です。

✅ Point

支払い方法の初期設定は「残高」になっているので、特に設定をする必要はありません。ホーム画面の色が赤なら「残高」、青なら「クレジット」です。

▼ 残高とクレジット (旧あと払い) の画面

Memo

2025年1月までは PayPay カード以外のクレジットカードによる支払いも可能です。
https://paypay.ne.jp/notice/20230622/f-creditcard/

🌑 残高の種類

　残高はチャージ方法と本人確認の有無により分類されます。それぞれ使える機能が異なります。

▼ 残高の種類と違い

名称	PayPay マネー	PayPay マネーライト	PayPay ポイント
チャージ方法	銀行口座 / セブン銀行 ATM/ ローソン銀行 ATM/ ヤフオク！・PayPay フリマの売上金※1	クレジット / ソフトバンク・ワイモバイルまとめて支払い	特典やキャンペーンで進呈
本人確認	必要	不要	
出金（払い出し）	○	×	
自治体へ請求書払い（税金など）	○※2 クレジットも可	×	
請求書払い（税金以外）	○		
送る・受け取る機能	○		×
有効期限	無期限		
保有上限	100 万円	100 万円	なし

※1 2023 年秋にサービスの名称が「PayPay フリマ」は「Yahoo!フリマ」に変更、「ヤフオク！」は「Yahoo!オークション」に変更されます。https://paypayfleamarket.yahoo.co.jp/notice/other/post_655/
※2 税金以外にも PayPay マネー限定の請求書払いがあります。

　PayPay をお店での支払いに使う場合は、PayPay マネー、PayPay マネーライト、PayPay ポイントの全てが利用可能です。しかし、銀行口座に出金（払い出し）や、税金を請求書払いする場合は PayPay マネーのみが利用可能です。

Memo
本人確認前にチャージした残高は全て PayPay マネーライトになります。本人確認を実施したあとも、PayPay マネーライトが PayPay マネーに変わることはありません。本人確認については、Chapter1 p.51 で解説します。

● 残高で支払うときの優先順位
　残高で支払う際は、以下の①〜③の順に支払われます。

① PayPay ポイント → ② PayPay マネーライト → ③ PayPay マネー

　複数の残高を持っていても、特定の残高の種類を選んで支払うことはできません。PayPay ポイントを使わずに貯めておきたい場合は、「ポイントの利用設定（Chapter3 p.100）」で「貯める」にしておきましょう。

クレジット（旧あと払い）とは

クレジット（旧あと払い）とは、PayPay で当月に利用した金額を **PayPay カード（クレジットカード）で翌月にまとめて支払う方法です**。事前に残高へチャージすることなく支払いができ、支払った代金は PayPay カードの請求と一緒に銀行口座から引き落としされます。クレジットの**年会費は無料**で、翌月 27 日の一括払いの場合は**手数料も無料**です。PayPay カード ゴールドは年会費 11,000 円（税込）となります。

> Memo
> PayPay カードは、通常のクレジットカードと同様に PayPay 以外の決済でも利用できます。

▼ クレジット（旧あと払い）イメージ

https://paypay.ne.jp/guide/paylater/

PayPay カード（クレジットカード）を持っている場合、クレジット（旧あと払い）への登録は手順が少なく、非常に簡単です（最短 20 秒！）。PayPay カードがない場合でも、PayPay アプリホーム画面の「残高」から簡単に申し込むことができます。クレジット（旧あと払い）は 18 歳以上（高校生除く）で、審査に通過した人が利用できます。

右ナビ：超入門／初期設定／支払い／P ポイント／クーポンとキャンペーン／便利ワザ／セキュリティ

クレジットの利用設定方法

PayPay カードを持っていない場合
➡ PayPay アプリのホーム画面を開く

❶ 「残高」と書かれたスイッチを右へ
スワイプ

❷ 個人情報の取り扱い事項
を確認して「上記に同意して
続ける」をタップ

❸ 氏名・生年月日などを入力
（PayPay で本人確認済なら一部
項目は入力不要）

❹ プラスチック製のカードの
有無を選択

➡プラスチック製の物理カードのブラ
ンドは JCB、Visa、Mastercard の
中から選択できる

⑤ クレジットの精算に利用する口座
を登録して完了

PayPay カードを持っている場合

➡ PayPay アプリのホーム画面を開く

① 「残高」と書かれたスイッ
チを右へスワイプ

② 個人情報の取り扱い事項
を確認して「上記に同意して
続ける」をタップ

③ 内容を確認し「PayPay アプリに
登録する」をタップ

超入門

初期設定

支払い

ポイント

クーポンとキャンペーン

便利ワザ

セキュリティ

☑ Point

クレジットの利用設定後でもプラスチック製カードの発行は可能ですが、その際は JCB ブランドのみとなります。JCB 以外のブランドのカードを希望する場合は、クレジットの利用設定時にプラスチック製カードも同時に申し込んでおきましょう。

▼ プラスチック製のカード

■ クレジットで発行されるバーチャルカード

　PayPay カードを持っていない場合、クレジットの審査完了後すぐに PayPay カードのバーチャルカードが発行されます。このバーチャルカードはアプリ上でカード番号などを確認でき、通常のクレジットカードと同様にオンラインショッピングで利用することができます。

▼ PayPay アプリ上のバーチャルカード

支払い方法を「クレジット」に変更する

審査完了後、PayPay アプリのホーム画面の支払い方法を「残高」から「クレジット」に切り替えることができます。

支払い設定をクレジットに変更する

➡ホーム画面を開く

> ❶「残高」と書かれたスイッチを右へスワイプ

➡「クレジット」に切り替わり、ホーム画面の赤い部分が青色になる

➡支払い画面も青色に変わる

Memo **クレジット払いのメリット**

普段は「残高」を利用している場合でも、残高不足になったときには「クレジット」が役立ちます。コンビニやスーパーでレジに並んでいる際にPayPay を開いて「残高が足りない」と気づくと焦ります。しかし、クレジットの利用登録をしていれば、わざわざチャージすることなく、ボタンを切り替えるだけでクレジットでの支払いができます。

超入門

初期設定

支払い

P ポイント

クーポンとキャンペーン

便利ワザ

セキュリティ

🏁 残高での支払いとクレジットの違いを整理しよう

　残高とクレジットについて、条件やメリット、デメリットを以下の表にまとめました。クレジットは残高よりもポイントの基本付与率が高い（Chapter3 p.96 で解説）など、PayPay を利用する上でメリットの大きい支払い方法です。

　クレジットの手数料は無料ですが、支払い期限（月末締め、翌月 27 日支払い）までに支払いができなかった場合やリボ払いを利用した場合には遅延損害金やリボ払い手数料が発生します。

▼残高とクレジットの違い

	残高	クレジット
審査	なし	あり
年齢制限	なし	18 歳以上（高校生除く）
本人確認	不要	必要
チャージ	必要	不要
ポイントの基本付与率	0.5 〜 1.0%	1.0 〜 1.5%※
メリット	チャージした範囲内でしか利用できないので、使いすぎの心配がない	残高不足の心配がなく、残高を気にせずに使える
デメリット	チャージをする必要がある	支払いが遅れると遅延損害金が発生する

※ PayPay カード ゴールドの場合は 1.5 〜 2%

Memo

2023 年 8 月 1 日（火）より、「PayPay あと払い」の表記が下記に変更されました。

・アプリ内でのアイコン表示名を「PayPay カード」に変更
・PayPay アプリの支払い方法の表記を「あと払い」から「クレジット」に変更

表記を変更した後も、これまでの「PayPay あと払い」と同様のサービスを利用できます。
https://paypay.ne.jp/guide/paylater/

Column PayPay カードの特長

PayPay カードは**年会費無料**で、**ポイント付与率が 1%**のクレジットカードです（PayPay カード ゴールドは年会費 11,000 円（税込）です）。先述のクレジットで必要になる他、以下の特長があります。

• PayPay カードは PayPay ステップのカウント、ポイント付与対象になる
PayPay が使えないお店でもクレジットカードが利用可能であれば PayPay カードでの支払いができます。PayPay カードでの支払いも **PayPay ステップ**（Chapter3 p.96）のカウントおよびポイント付与の対象となるため、PayPay カードを利用することで PayPay ステップの条件を達成しやすくなります。ただし、PayPay カード決済でも、PayPay カードをアプリに登録済みでない場合は PayPay ステップの対象外です。

• PayPay カードは高セキュリティなカード
PayPay カードは券面にカード番号などの記載がありません。これにより、セキュリティが高まります。カード番号などの会員情報や利用明細の確認は PayPay アプリから手軽に行えて、PayPay と非常に相性がよいカードです（PayPay アプリでクレジット登録を行う必要があります）。

▼ PayPay カードの概要

年会費	無料※
ポイント付与率	1%
国際ブランド	Visa/Mastercard/JCB
申し込み	満 18 歳以上
発行元	PayPay カード株式会社

※ PayPay カード ゴールドは、年会費が 11,000 円（税込）がかかります。

チャージをしよう
（ATM・銀行口座・電話料金合算）

残高を利用して支払うためには、残高にあらかじめお金をチャージしておく必要があります。チャージ方法は複数あります。

▐ チャージ方法

- **セブン銀行 ATM/ ローソン銀行 ATM**
- **銀行口座**
- **ソフトバンク・ワイモバイルまとめて支払い**
- **ヤフオク！・PayPay フリマの売上金**※
- **クレジット（旧あと払い）**

ここでは代表的なチャージ方法である「セブン銀行 ATM/ ローソン銀行 ATM」「銀行口座」「ソフトバンク・ワイモバイルまとめて支払い」の 3 つを説明します。

▐ セブン銀行 ATM・ローソン銀行 ATM から現金でチャージ

銀行口座やクレジットカードを登録したくない方におすすめのチャージ方法です。セブン - イレブンやローソンなどにある「セブン銀行 ATM」や「ローソン銀行 ATM」を利用することで、現金を残高にチャージすることができます。手数料はかかりません。

▼ セブン銀行 ATM・ローソン銀行 ATM について

- セブン銀行やローソン銀行の口座は不要で、誰でも利用可能です。
- **ATM でチャージできるのは紙幣のみで、小銭（硬貨）は利用できません。**
- チャージ上限額は過去 24 時間で 50 万円までです。
- セブン銀行 ATM からのチャージではおつりが出ますが、ローソン銀行 ATM ではおつりはでません。

※ 2023 年秋にサービスの名称が「PayPay フリマ」は「Yahoo!フリマ」に変更、「ヤフオク！」は「Yahoo!オークション」に変更されます。https://paypayfleamarket.yahoo.co.jp/notice/other/post_655/

銀行 ATM で現金をチャージする

➡銀行 ATM に行く

① ATM で「スマートフォンでの取引」または「チャージ」「QR チャージ」を選択

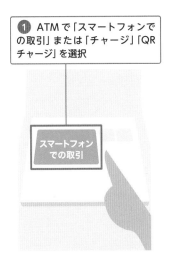

② PayPay アプリで「チャージ」を選択

③ 「ATM チャージ」を選択

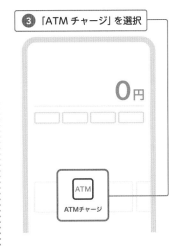

➡カメラ機能が起動する

④ ATM に表示された QR コードを読み取る

超入門

初期設定

支払い

P ポイント

クーポンとキャンペーン

便利ワザ

セキュリティ

❺ アプリに表示された企業番号を
ATM に入力

企業番号を入力

8　4　3　9

企業番号
8439

❻ ATM にチャージする金額を入金

紙幣を入れて
ください

❼ 入金額を確かめて「確認」を選択

入金金額を
ご確認ください

10,000円　確認

➡明細票の有無を選択し、チャージが
完了

10,000円

チャージ完了

🚩 銀行口座からチャージする

　銀行口座を登録すれば、銀行口座から残高へチャージができます。<u>ATM に行く</u>
<u>ことなく、スマートフォンだけでどこからでもチャージが完了するためとても便利</u>
<u>です。</u>ただし、銀行口座の登録には**「本人確認」**が必須であり（Chapter1 p.51）、
通帳やキャッシュカード、暗証番号などの情報を登録する必要があります（必要な
情報は各銀行によって異なります）。

　登録手続きには少し手間がかかりますが、一度登録してしまえば、その後の
チャージはとても簡単にできます。

おトク
PayPay に登録できる銀行口座には、三菱 UFJ 銀行やゆうちょ銀行などの大手銀行のほかに、地方銀行やネット銀行など 1,000 社以上あります。いずれの金融機関も手数料無料でチャージできます。
https://paypay.ne.jp/guide/bank-list/

銀行口座の登録方法

本人確認が済んでいない場合は、本人確認を行います（Chapter1 p.51）。本人確認が完了していないと銀行口座の登録はできません（銀行口座の登録の途中で、本人確認の手順に進みます）。銀行ごとに登録方法が異なります。例えば、「PayPay 銀行」の場合は「店番号・口座番号・ログインパスワード」の入力が必要となります。

1 ホーム画面の「すべて」をタップ

2 「管理」にある「銀行口座登録」をタップ

3 登録する銀行を選択

❹ 支店名、口座番号、口座名義などを入力

❺ 登録内容を確認して「登録手続きをする」を選択

➡各銀行ごとの手順[※]で登録を進めると、口座の登録が完了する

➡口座の登録が完了

※ 銀行ごとの手順 https://paypay.ne.jp/guide/bank/

銀行口座からチャージする方法

1 ホーム画面の「チャージ」をタップ

2 チャージする銀行が表示されていることを確認

3 チャージ方法で銀行を選択

4 チャージしたい金額を入力して「チャージする」をタップ

➡チャージが完了

Memo **オートチャージのメッセージ**

「オートチャージ」をすすめるメッセージが出ることがあります。
オートチャージは、残高不足にならないように自動でチャージされる機能です。もし、すぐにオートチャージ機能を有効にしない場合は、「今はしない」をタップして大丈夫です。

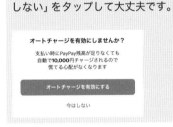

「ソフトバンク・ワイモバイルまとめて支払い」でチャージ

　ソフトバンク、ワイモバイル、LINEMO の携帯電話回線を利用している人は「ソフトバンク・ワイモバイルまとめて支払い」を利用して残高へチャージできます。この方法でチャージした金額は**月々の電話料金と一緒に請求されます**。ATM に行ったり、銀行口座を登録したりせずに簡単にチャージができます。

☑ Point　チャージのタイミングに注意

毎月初回のチャージは手数料無料ですが、2 回目以降のチャージには 2.5％の手数料がかかります。例えば、1 万円をチャージした場合、手数料は 250 円になります。そのため、「ソフトバンク・ワイモバイルまとめて支払い」を利用する場合は月に 1 回まとめてチャージすることを推奨します。

ソフトバンク・ワイモバイル・LINEMO 回線と PayPay アカウントを連携する

① ホーム画面の「アカウント」をタップ

② 「外部サービス連携」をタップ

③ 「ソフトバンク・ワイモバイル・LINEMO　連携する」をタップ

④ 「上記に同意して連携する」をタップ

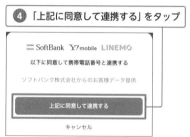

➡その後「ソフトバンク・ワイモバイルまとめて支払い」による残高チャージの設定に進む

➡表示されている携帯電話番号を確認のうえ設定すると、登録が完了

☑ Point

Wi-Fi に接続している場合は、Wi-Fi の設定を切ってから再度連携の操作をしてください。
PayPay に登録している携帯電話番号と異なる場合は連携できません。

■ ソフトバンク・ワイモバイルまとめて支払いでチャージする

① ホーム画面の「チャージ」をタップ

② 「チャージ方法」をタップし、「ソフトバンク・ワイモバイルまとめて支払い」を選択

③ 「チャージしたい金額を入力し、「チャージする」をタップ

Memo

チャージ方法の選択画面で「無効」の表示がある場合は、タップして、画面遷移に沿って有効にしたうえで、チャージをしてください。

➡チャージが完了

Memo

チャージ金額は、1,000 円以上 1 円単位でチャージ可能です。

超入門

初期設定

支払い

P ポイント

クーポンとキャンペーン

便利ワザ

セキュリティ

▼ チャージ方法別手数料一覧

チャージ方法別手数料一覧				
チャージ方法	銀行口座	セブン銀行 ATM ローソン銀行 ATM	クレジット （旧あと払い）	ソフトバンク・ ワイモバイルま とめて支払い
1 回目	無料	無料	無料	無料
月内 2 回目以降				2.5%（税込）

https://paypay.ne.jp/notice/20230613/f-sofma02/

オートチャージ

　オートチャージは、決済時に残高が不足しているかどうか判定し、残高が不足している場合には、自動的にチャージする機能です。これによって、残高不足でエラーが発生することなく、スムーズに支払いができます。支払い方法は「銀行口座」「クレジット」「ソフトバンク・ワイモバイルまとめて支払い」から選択できます。

☑ Point
オートチャージは残高不足を気にすることなく利用できるので非常に便利な機能ですが、使いすぎを防ぐためには利用可能額の設定（Chapter6 p.154）をしておくことをおすすめします。

オートチャージを設定する

❶ 「チャージ」をタップ

❷ 「オートチャージ設定」を選択

③　「オートチャージを有効にする」をオン

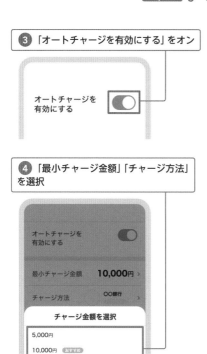

オートチャージを
有効にする

④　「最小チャージ金額」「チャージ方法」
を選択

オートチャージを
有効にする

最小チャージ金額　**10,000円** ＞

チャージ方法　　　○○銀行 ＞

チャージ金額を選択

5,000円
10,000円 おすすめ
20,000円

閉じる

⇒オートチャージが設定完了

＜	**オートチャージ**	⑦

オートチャージを有効にする ⬤

支払い時に残高が足りない場合に、設定した金額を自動でチャージします

最小チャージ金額　　**10,000円** ＞

ゆうちょ銀行　　　＞

**⇒支払い時に残高が足りないと自動で
10,000円チャージされるようになった**

Memo
オートチャージの設定の際に、銀行
口座を登録することもできます。

Memo
オートチャージの設定を使用とすると、アプリのアップデートが求められることが
あります。この場合は、アップデートをしてから設定をはじめましょう。

▼アップデートのメッセージ

最新版にアップデートしてください

ソフトバンク・ワイモバイルまとめて支払いから
チャージするにはアプリを最新の
バージョンにアップデートしてください

アップデートする

また今度にする

超入門

初期設定

支払い

P ポイント

クーポンと
キャンペーン

便利ワザ

セキュリティ

4 PayPay（残高）を銀行口座へ払い出そう

チャージした残高は、銀行口座に出金（払い出し）することができます。
多めにチャージした残高を現金に戻したいときなどに便利です。

🚩 銀行口座へ出金できる PayPay マネー

　PayPay マネーは、**本人確認後に銀行口座やセブン銀行 ATM、ローソン銀行
ATM、ヤフオク！・PayPay フリマの売上金からチャージした残高です。**※

> ☑ Point
>
> PayPay（残高）には「PayPay マネー」「PayPay マネーライト」「PayPay ポイント」
> がありますが（Chapter1 p.29 で解説）、この中で銀行口座へ出金ができるのは
> 「PayPay マネー」のみです。

残高を出金する

① ホーム画面下部の「ウォレット」を
タップ

② 残高表示部の「内訳・出金」をタップ

③ 「出金」をタップ

※ 2023 年秋にサービスの名称が「PayPay フリマ」は「Yahoo!フリマ」に変更、「ヤフオク！」は「Yahoo!
オークション」に変更されます。https://paypayfleamarket.yahoo.co.jp/notice/other/post_655/

おトク
残高を銀行口座へ出金するには通常100円の手数料がかかりますが、PayPay銀行を利用すると出金手数料が何度でも無料です。さらに、他の銀行では翌営業日以降に振込が実施されるのに対し、PayPay銀行では即時振込がされます。

▼ PayPay銀行とその他の銀行の違い

	手数料	振り込み実施日
PayPay銀行	0円	即時
PayPay銀行以外	100円	翌営業日以降

　PayPayを利用する際には**PayPay銀行の口座**があると便利です。PayPay銀行の口座開設はスマートフォンで簡単に申し込みができ、**最短で当日に口座開設が完了します**。

超入門
初期設定
支払い
P ポイント
クーポンとキャンペーン
便利ワザ
セキュリティ

♥ PayPay 銀行とは

　PayPay 銀行は実店舗がなく、インターネットやアプリ上でのみサービスを提供するネット銀行です。ネット銀行はすべての手続きがインターネット上で完結するため、店舗に行く手間や時間を省くことができます。また、店舗を運営するコストがかからないため、一般的な銀行と比較して振込手数料や ATM 手数料が安いのも特長です。セキュリティ面でも最高水準の対策が施されているので安心して利用できます。

▼ PayPay 銀行の公式サイト

https://www.paypay-bank.co.jp/

Memo

PayPay 銀行の利用者は、全国約 9 万 5 千台の ATM で入出金できます。キャッシュカードまたは PayPay 銀行アプリでご利用ください。利用できる ATM は下記の URL から確認できます。
https://www.paypay-bank.co.jp/atm/index.html

Column　PayPay 銀行口座で利用できるサービス

....

PayPay 銀行口座では、PayPay はもちろん他にも次のようなサービスが利用できます。
- PayPay カード：PayPay ポイントがどんどん貯まるクレジットカードです。
- PayPay 証券：厳選された日米企業に、1,000 円からスマホで投資できます。
- PayPay ほけん：1 日 110 円〜リーズナブルに利用でき、PayPay アプリから保険に入れます。

chapter 1

5 本人確認をしよう

本人確認とは、PayPay アプリに登録したのが登録者本人であるかを、本人確認書類を用いて確かめることです。

超入門

初期設定

支払い

P ポイント

クーポンとキャンペーン

便利ワザ

セキュリティ

本人確認は必要？

本人確認を行わなくても、PayPay での支払いや残高の送付などの基本的な機能は利用可能です。しかし、銀行口座の登録や出金（払い出し）などの便利な機能を使うには本人確認が必要です。本人確認を実施すればPayPay の全ての機能・サービスを利用できます。PayPay を最大限に活用するには早めに本人確認を行うことをおすすめします。

本人確認をするメリット

- 銀行口座を登録することができる（銀行口座からのチャージ・出金が可能）
- 保険の支払い、金券ショップや Amazon など利用できるお店が増える
- クレジット（旧あと払い）の支払い上限額を引き上げることができる
- キャンペーンにおトクに参加できる（くじ引きの当選確率アップなど）

本人確認に必要なもの

本人確認書類として、マイナンバーカード、運転免許証、運転経歴証明書のいずれか１点が必要です。本人確認には３つの方法があり、それぞれで必要書類や撮影するものが異なります。

▼本人確認の３つの方法

❶マイナンバーカードの
　場合
　（IC チップ読み取り）

❷運転免許証の場合
　（IC チップ読み取り）

❸書類撮影で申請の場合
　（マイナンバーカード、
　運転免許証、運転経歴
　証明書のいずれか１点）

　本人確認には、手間の少ないマイナンバーカードや運転免許証の IC チップを読み取る方法がおすすめです。写真撮影や一部情報の手入力が不要となり、審査時間も短いため、簡単でスピーディーに本人確認できます。

☑ Point　事前にチェック

「①マイナンバーカードの場合」「②運転免許証の場合」は IC チップの読み取りを行います。そのため、IC チップの読み取りに対応しているスマホ（近距離無線通信：NFC 対応）が必要です。マイナンバーカードに電子証明書をつけていない場合や、15 歳未満の場合（電子証明書の発行ができない）、IC チップ読み取りでの手続きは行えません。

📫 本人確認の手順

本人確認はそれほど難しくありません。ここからは迷わず行えるよう具体的な手順を解説します。

マイナンバーカードで本人確認（IC チップ読み取り）

顔写真や書類撮影をする工程がないため非常に簡単です。最短２分で完了します。

❶「アカウント」をタップ

❷ アカウント名の下の「本人確認未完了」を選択

❸「マイナンバーカード」を選択

❹ 国籍を選択

超入門
初期設定
支払い
ポイント
クーポンとキャンペーン
便利ワザ
セキュリティ

5 「はい、暗証番号で申請します」を選択

➡暗証番号がわからない場合は、撮影による本人確認申請に移動する

6 手順を確認し「はじめる」を選択

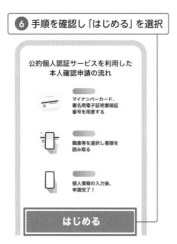

7 年齢を選択

8 職業を選択

9 ご利用目的を選択

⑩ 署名用電子証明書暗証番号を入力

➡暗証番号は 6 桁〜 16 桁の英数字。5 回間違えるとロックされるので注意
➡ロックされた場合、住民票のある市区町村の窓口で手続きが必要。ロック解除は、コンビニのキオスク端末でも可能

⑪ マイナンバーカードの IC チップをスキャン

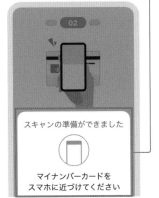

☑ Point

マイナンバーカードを平らなところに置いてスキャンしてください。スマートフォンとマイナンバーカードを密着させて、読み取りが完了するまで動かさずに待ちましょう。

⑫ カナ氏名を入力

⑬ 申請内容を確認

➡本人確認の申請が終了

運転免許証で本人確認（IC チップ読み取り）

　顔写真の撮影が必要ですが、書類撮影は不要なので比較的簡単にできます。最短 2 分で完了します。

❶「アカウント」をタップ

❷ アカウント名の下の「本人確認未完了」を選択

❸「運転免許証」を選択

❹ 国籍を選択

⑤「はい、暗証番号で申請します」を選択

申請方法を選択します

運転免許証の暗証番号を
覚えていますか？

はい、暗証番号で申請します

いいえ、暗証番号なしで申請します

➡ 暗証番号がわからない場合は、撮影による本人確認申請に移動する

⑥ 手順を確認し「はじめる」を選択

かんたん本人確認の流れ

運転免許証と登録した
暗証番号を用意する

暗証番号を入力し、
書類を読み取る

顔写真の撮影、
個人情報の入力後、
申請完了！

はじめる

⑦ 4 桁数字二組の暗証番号を入力

01

運転免許証の暗証番号を
入力してください

暗証番号1
●●●●

暗証番号2
●●●●

次へ

➡ 3 回間違えるとロックされるので注意
➡ ロックされた場合、警察署や運転免許センターでの手続きが必要になる

⑧ 運転免許証の IC チップをスキャン

02

運転免許証をかざしてください

スキャンの準備ができました

運転免許証を
スマホに近づけてください

☑ Point

運転免許証を平らなところに置いてスキャンしてください。スマートフォンと運転免許証を密着させて、読み取りが完了するまで動かさずに待ちましょう。

超入門

初期設定

支払い

Ⓟ ポイント

クーポンと
キャンペーン

便利ワザ

セキュリティ

⑨ 顔写真を撮影

✓ Point

顔写真撮影のコツ
①明るい場所で撮影する
②枠いっぱいに顔が写るようにする
③まばたきは大きく（眼鏡をかけて撮
　影が進まない場合は眼鏡を外して
　試す）

⑩ まばたきチェック：白い枠内に顔を合わせて、目を大きく開けてまばたきする

⑪ カナ氏名を入力

⑫ 職業を選択

⑬ ご利用目的を選択

⓮ 申請内容を確認

内容をご確認の上、完了してください

氏名（漢字） 山田 平子
氏名（カナ） ヤマダ ペイコ

本人確認の申請をする

➡本人確認の申請が終了

本人確認の申請を
受け付けました

マイナンバーカード・運転免許証・運転経歴証明書で本人確認（書類撮影）

　IC チップの読み取りに対応していないスマートフォンの場合の本人確認の方法です。**顔写真**と**本人確認書類**の撮影が必要となります。スマホ操作に不慣れな方にとっては、やや難しく感じるかもしれません。うまく撮影できない場合には明るさや角度を調整して試してみてください。審査が完了するまでには最短で当日から3日程度かかります。

❶ 「アカウント」をタップ

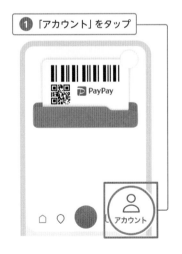

PayPay

アカウント

❷ アカウント名の下の
「本人確認未完了」を選択

ペイコ

本人確認未完了 ＞

超入門

初期設定

支払い

Ｐ ポイント

クーポンと
キャンペーン

便利ワザ

セキュリティ

③ 本人確認書類を選択

➡学生証、マイナンバーの通知カード
は使えません

Memo 運転経歴証明証

運転経歴証明書とは、運転免許証を
自主返納した方や運転免許証の更新
を受けずに失効した方が、交付を受
けることができる証明書です。ただ
し、自主返納後5年以上又は運転免
許失効後5年以上が経過している方
や、交通違反などで免許取消しとなっ
た方などは運転経歴証明書の交付を
受けることができません。

④ 国籍を選択

⑤ マイナンバーカード・運転免許証で申
請する場合、「いいえ、暗証番号なしで申
請します」を選択

⑥ 手順を確認し「はじめる」を選択

⑦ 書類の表面を白い枠内にいれて撮影

表面を撮影してください

⑧ 書類の厚みを撮影するため、スマートフォンを書類に対して 45 度傾けて撮影

厚みを撮影してください

⑨ 書類の裏面を撮影

裏面を撮影してください

⑩ 顔写真を撮影

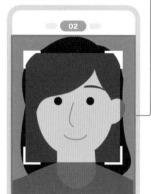

⑪ まばたきチェック：白い枠内に顔を合わせて、目を大きく開けてまばたきする

⑫ 利用者本人のカナ名を入力

カナ氏名を入力してください

氏（漢字）	名（漢字）
山田	平子

氏（カナ）	名（カナ）
ヤマダ	ペイコ

次へ

超入門

初期設定

支払い

P ポイント

クーポンとキャンペーン

便利ワザ

セキュリティ

⓭ 生年月日を選択

⓮ 職業を選択

⓯ 住所情報を入力

➡本人確認書類と同じ住所を入力

⓰ 利用目的を選択

⓱ 申請内容を確認

➡本人確認の申請が終了

2

支払いをしよう！
〜片手でさっと支払える〜

PayPay 支払いデビューは コンビニがおすすめ！

支払い手順の解説の前に、初心者の PayPay デビューにおすすめの場所を紹介します。おすすめの場所はずばり、コンビニです。

🚩 コンビニがおすすめの理由

　店頭での PayPay の支払い方法には**バーコード支払い（バーコードを見せる）**と**スキャン支払い（QR コードを読み取る）**の 2 種類があります。どちらの方法で支払うかは各店舗で決まっており、ユーザーが自分で選ぶことはできません。

　実際、コンビニやスーパーなどのチェーン店では主にバーコード支払いが導入されていることが多いです。バーコード支払いは、スキャン支払いより操作手順が少なく、非常に簡単に支払うことができます。

　初めて PayPay を利用するときは、操作に不安を感じるかもしれません。そのようなときは、**バーコード支払いのできるお店を利用するのがよいでしょう。**特にコンビニは PayPay を利用する人が多く、お店の人も PayPay の扱いに慣れているため、PayPay のデビューに最適な場所といえます。

☑ Point **ATM でチャージ（Chapter1 p.38）**

セブン - イレブンとローソンでは、残高にチャージができる ATM が店内に設置されているため、ATM でチャージを行った直後に PayPay で買い物も可能です。

Memo **注意しよう**

PayPay（残高）と他の支払い方法（現金や別の決済サービスなど）の併用はできません。残高以上の金額を支払いたい場合は、事前にチャージをしてください。PayPay ホーム画面の利用可能額まで支払いができます。

➡ 利用可能額が表示される

2 バーコードを見せる（バーコード支払い）

ここからは、バーコード決済をする手順について解説します。手元のアプリを見ながらイメージしてみましょう。

🚩 バーコード決済をするには

コンビニなどでバーコード支払いをする際には、まずお店の人に「PayPay で（支払います）！」と伝えます。そして PayPay アプリに表示されるバーコードをお店の人に見せて、バーコードを読み取ってもらいます。「PayPay！」という決済音が鳴り、支払い完了画面が表示されたら、支払いが完了したことを意味します。

バーコード決済の手順

1 ホーム画面の「支払う」ボタンを選択

2 画面をお店の人に見せ、バーコードを読んでもらう

500円

支払い完了

➡ 支払い完了

Memo **オフライン支払いモード**

インターネットに接続できない場合や接続が不安定な環境では、**オフライン支払いモード**が表示されます。このモードで支払いをすると、決済音は鳴らず、決済完了画面も表示されません。通信環境が安定したときにプッシュ通知や取引履歴に反映されます。

https://paypay.ne.jp/guide/store-payment/

超入門

初期設定

支払い

P ポイント

クーポンとキャンペーン

便利ワザ

セキュリティ

🚩 大きいバーコードと小さいバーコード

　PayPay アプリを開くと、ホーム画面上部に**バーコード**が表示されます。**このバーコードを提示することで支払いが可能です**。一方で、ホーム画面の中央下にある「支払う」ボタンをタップすると、大きなバーコードが表示され、スマートフォンの画面の明るさが自動的に明るくなります。

▮ バーコードの出し方

小さいバーコード

① ホーム画面の上部にバーコードがデフォルトで表示される

➡ホーム画面上部のバーコードを見せて支払うこともできる

大きいバーコード

① 「支払う」ボタンをタップ

② 大きなバーコードが表示され、画面が自動的に明るくなります

☑Point

どちらのバーコードでも支払いはできますが、スマートフォンの画面が暗いとバーコードの読み取りに失敗する可能性があるため、「支払う」ボタンから大きなバーコードを表示させる方法がおすすめです。

🚩 表示されたコードの有効時間は5分

　表示されたバーコードは**5分間のみ有効**で、その後自動的に新しいバーコード
に更新されます。これにより仮に他人にバーコード画面を撮影されても、5分が経
過すればそのバーコードは無効となるため、不正利用を防げます。

▼ バーコードの有効時間

5分間の有効時間が
表示される

カウントダウンで表示時間が短くなり、5分が経
過すると自動的に新しいバーコードに切り替わる

☑ Point

バーコードが自動的に更新されるため、利用者はカウントダウンされる時間を気に
する必要はありません。

🚩 バーコードの向きは逆さまでもよい

　お店の人にバーコードを読み取ってもらう際、<u>スマートフォンの向きを逆さにす
る必要はありません</u>。バーコードは上下逆さでも正しく読み取れるので、自分に向
けたままスマートフォンの画面を提示すれば大丈夫です。これにより、手首をひ
ねったりする必要がなく、スムーズに支払えます。

▼ バーコードの向き

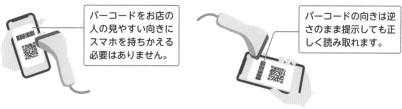

バーコードをお店の
人の見やすい向きに
スマホを持ちかえる
必要はありません。

バーコードの向きは逆
さのまま提示しても正
しく読み取れます。

⚑ セルフレジの場合

　最近、コンビニやスーパーでは**セルフレジ**や**セミセルフレジ（商品のバーコードをお店の人がスキャンし、支払いは客が自分で行うタイプのレジ）**が増えています。これらのセルフタイプのレジでも PayPay での支払いが可能です。

▎ セルフレジで PayPay で支払う

　セルフレジで PayPay を利用する際には、支払い方法の選択画面で **QRコード決済**を選択します。次に、PayPay アプリのバーコードを読み取り装置に近づけてスキャンします。

☑ Point
店舗によっては自分でハンドスキャナを操作して読み取る場合やお店の人が読み取る場合もあるので、レジの指示に従って操作してください。

① 支払い方法で「バーコード決済」を選択

② 読み取り機に近づけてスキャン

自分でハンドスキャナで読み取ってスキャン

Memo **2022 年の「スーパーマーケット年次統計調査」**
全国のスーパーマーケットでセルフレジ（セミセルフレジ）の設置率は、75.1% と高い数値となっています。さらに「今後のセルフ精算レジの設置意向」では、「新たに設置したい」割合が 18.5%、「設置数を増やしたい」が 29.3% と今後もセルフレジの台数が増えていく見込みです。
PayPay の利用に慣れたら、セルフレジでも利用してみましょう。
一般社団法人全国スーパーマーケット協会：http://www.super.or.jp/?page_id=4223

chapter 2

3 QR コードを読み取る （スキャン支払い）

PayPay の支払い方法には、QR コードを自分でスキャンする（読み取る）
方法もあります。この方法は、店舗側で QR コードを設置するだけで簡
単に PayPay を導入できるため、小規模店舗で広く利用されています。

📣 QR コード決済をするには

　QR コード形式を採用している店舗では、通常レジ付近に **QR コード**が置かれて
います。もし QR コードが見当たらない場合は、お店の人に「**PayPay で（支払い
ます）！**」と伝えると QR コードを提示してくれます。**QR コード決済は、スマホ
で QR コードを読み取ること**からはじまります。

▼ PayPay QR コード

PayPay のロゴを目印
に探してみましょう

QR コード決済の手順

① ホーム画面の「スキャン」を
タップ

② お店に置かれた QR コード
を読み取る

超入門

初期設定

支払い

Ⓟ ポイント

クーポンと
キャンペーン

便利ワザ

セキュリティ

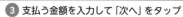

③ 支払う金額を入力して「次へ」をタップ

➡「次へ」をタップすると画面が自動的に180度回転し、お店の人が金額を確認しやすくなる

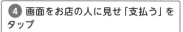

④ 画面をお店の人に見せ「支払う」をタップ

➡「PayPay ！」という決済音が鳴れば支払い完了

Memo

スキャン支払いは、バーコード支払いに比べると手順が多く難しく感じるかもしれませんが、操作に慣れると、スムーズに支払いができます。

☑ Point **撮影許可を求められたら**

QRコードの読み取りにはスマートフォンのカメラ機能を利用しているため、PayPay でカメラ機能を利用するための許可が必要です。「PayPay がカメラへのアクセスを求めています」など撮影許可を求めるメッセージが表示された場合は「許可」を選択してください。一度許可を行うと、次回以降このメッセージは表示されません。

▼ 撮影許可を求められた場合

iPhone の場合

① 「OK」をタップ

➡許可するとスマートフォンのカメラが起動する

chapter 2

4 請求書払い

PayPay では、公共料金や税金などの請求書（払込票）を支払えます。払込票を持ってコンビニや銀行に行く必要がなく、自宅で 24 時間いつでも好きなタイミングで支払えます。

PayPay 請求書払いで利用可能な支払い

- 住民税、自動車税、固定資産税などの税金
- 電気、ガス、水道などの公共料金
- 携帯料金や NHK 受信料など
- その他通信販売などの代金

払込票に記載された**バーコード**や **QR コード**を PayPay アプリで読み取ってその場で支払えます。バーコード支払いの場合は、支払い日を指定（予約）もできます。

> **おトク**
> 　自動車税や固定資産税などの税金をクレジットカードで支払う場合は手数料がかかりますが、PayPay 請求書払いは手数料無料です。

Memo
請求書払いが可能なサービスの一覧は、以下の URL で確認できます。
https://paypay.ne.jp/bill-payment/#areaList

PayPay で請求書払いをする

請求書払いでは残高と**クレジット（旧あと払い）**が利用できます。残高で支払う場合、税金の支払いには PayPay マネーのみが利用可能であり、PayPay マネーライトと PayPay ポイントは使用できません。税金以外の支払いは、基本的に全ての残高が使用可能です[※]。

※税金以外にも、一部 PayPay マネー限定のものもあります。

超入門
初期設定
支払い
P ポイント
クーポンとキャンペーン
便利ワザ
セキュリティ

請求書払いをする（残高で支払う）

➡ 請求書とスマートフォンを用意する

① ホーム画面の「請求書払い」をタップ

➡ ホーム画面中央に「請求書払い」の
アイコンが表示されていない場合は、
「＞すべて」をタップし「生活」のカテ
ゴリから「請求書払い」を選択

② 面下部の「請求書をスキャンする」をタップ

➡ スマートフォンのカメラが起動する

③ 払込表のバーコードあるいは eL-QR を読み取る

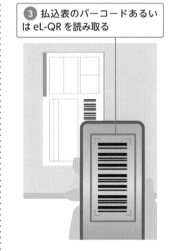

④ 支払い内容を確認し、「支払う」をタップ

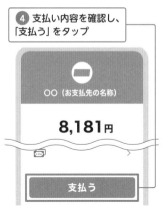

➡ 支払い完了

🚩 請求書の支払い日を予約する

　紙の請求書の QR コードやバーコードを PayPay のスキャン機能で読み取り、支払い日を指定（予約）すると、指定日に自動で決済できます。ただし、地方税の納付書に印字された地方税統一 QR コード「eL-QR」を読み取って支払う場合は、支払い予約はできません。

支払い日を予約する

➡「請求書払いをする（残高で支払う）」
の❸までの操作を行う

❶「支払い予約をして後で支払う」
を選択

❷ カレンダーで支払日を指定
し、「予約する」をタップ

➡支払い予約が完了

☑ Point
「予約日の変更」「支払い予約の削除」
は、支払い当日の 14 時まで可能で
す。詳しい手順は以下の URL を確認
してください。
https://paypay.ne.jp/help/
c0339/

超入門

初期設定

支払い

P ポイント

クーポンとキャンペーン

便利ワザ

セキュリティ

⚑ 請求書払いの注意点

請求書払いでは、2つ注意点があります。

⬤ 請求書払いはポイント付与対象外

PayPay 請求書払いは PayPay ステップの特典付与の対象外であるため、ポイント付与は行われません。しかし、**PayPay ステップの達成条件（決済回数・利用金額）のカウント対象となります**。PayPay ステップ→ Chapter3 p.96

⬤ 請求書払いは領収書や証明書が発行されない

請求書払いでは領収書や納税証明書は、PayPay で発行されません。領収書や証明書が必要な場合は納付書裏面に記載の金融機関やコンビニなどの窓口で納付するとよいでしょう。

Column　**オンライン請求書**

....

オンライン請求書とは、紙の請求書を読み取っての支払いではなく、PayPay アプリ内に通知が届き、オンラインで各種料金を支払うことができるサービスです。

▼オンライン請求書のメリット
・PayPay アプリに通知が届くので、支払い期日をすぐに確認できる。
・支払い履歴を PayPay のアプリで確認できるので、まとめて管理できる。

オンライン請求書に対応している場合は、紙の請求書からオンライン請求書に変更することができます。「オンライン請求書への変更方法」「オンライン請求書の停止方法」は以下の URL から確認してください。
https://paypay.ne.jp/help/c0305/

取引履歴の確認

PayPay では取引履歴がアプリに残り、いつ、どこで、いくら支払ったかなどの情報を簡単に確認できます。チャージ金額や送付額なども確認できるので、お金の流れを把握しやすく、家計簿管理がより効率的に行えます。

取引履歴を確認するには

PayPay アプリトップ画面の一番下にある**ウォレット**（「支払うボタン」の右隣）を開くと、取引履歴を確認できます。各取引をタップすると決済番号などの詳細を確認できます。

支払い履歴の確認

① ホーム画面右下にある「ウォレット」をタップ

② 取引履歴の「もっと見る」をタップ

➡ 取引履歴一覧が表示される

➡ 各取引をタップすると決済番号などの詳細を確認できる

③ 「PayPay 残高」をタップ

➡ 残高払いの支払い履歴が表示される

超入門

初期設定

支払い

ポイント

クーポンとキャンペーン

便利ワザ

セキュリティ

④ 「PayPay カード」をタップ

➡ PayPay カードの支払い履歴が表示される

☑ Point｜**履歴の反映時期**

PayPay アプリで支払った履歴は即反映されますが、PayPay カードでの支払い履歴は反映までに数日から1〜2週間かかります。取引履歴には、PayPay 利用開始後の全ての取引が記録されています（クレジット登録していないユーザーは PayPay カードの履歴は表示されません）。

⚑ 絞り込み検索

取引履歴には獲得予定または獲得済みのポイントやチャージした履歴なども含めた全ての取引履歴が表示されますが、出金や入金などの取引の種類や期間を指定した絞り込み検索もできます。

絞り込み検索

① 取引履歴右上にある3本線をタップ

② 取引の種類や期間などを選択して「絞り込む」をタップ

➡絞り込んだ条件での取引履歴が表示される

➡この例は「出金」「最近3ヶ月」「支払い方法すべて」で絞り込んでいる

利用レポート

　利用レポートでは PayPay による月々の支払い状況をグラフで確認したり、支払いの多い店舗 TOP3 ランキングなどの情報を確認したりできます。月々どのくらいの支払いがあり、どのお店で多く使っているのかなど自分の買い物の傾向をより深く把握できます。

利用レポート

① 取引履歴右上にあるグラフのマークをタップ

② 「出金」「入金」をタップして切り替え

③ 確認したい月を選択

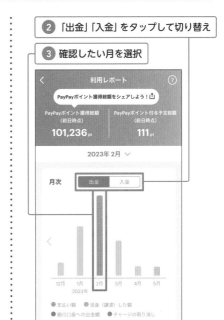

➡「利用レポート」が表示される

▼ 利用レポート（出金）

➡ 出金額の内訳や支払い店舗 TOP3 などの情報を確認できる

☑ Point **出金**
・支払い額：該当の月に決済が完了したものと、PayPay の取引履歴に反映された PayPay カード決済履歴のうち、決済確定日が該当の月のものの合算
・送金（譲渡）した額：該当の月に残高を送る機能で友だちに支払いした残高の総額
・銀行口座への出金額：該当の月に銀行口座へ出金した残高の総額

▼ 利用レポート（入金）

☑ Point **入金**
・PayPay ポイント獲得額：該当の月にキャンペーンなどで獲得した PayPay ポイントの総額
・チャージ額：該当の月に銀行口座、PayPay カードなどから残高にチャージした額
・受け取り額：該当の月に残高を送る機能で友だちから受け取った残高の総額

Memo **返金**
返金がある場合、利用レポート下部に返金欄が表示されます（表示内容は、該当の月に PayPay での返金処理が完了したものの総額です）。
クレジットカードでの支払いの場合、実際の返金完了まで時間がかかる場合があります。クレジットカードの処理については該当のクレジットカード会社へお問い合わせください。

chapter 2

超入門

初期設定

支払い

P ポイント

クーポンとキャンペーン

便利ワザ

セキュリティ

6 ネットショッピングで使うには

PayPay は、ネットショッピングでの支払いもクレジットカードなしで利用できます。全てのネットショッピングで PayPay が使えるわけではありませんが、利用可能店舗は続々と増えています。また、PayPay アプリ内でふるさと納税サイト「さとふる」の利用ができます。

▐ Yahoo!ショッピングで PayPay を利用する

Yahoo!ショッピングで買い物をすると、購入金額の 1％分の PayPay ポイント（ストアポイント）が必ずもらえます。さらに、PayPay（残高）、クレジット（旧あと払い）、PayPay カードのいずれかの方法で支払うと、追加で 4% 分の PayPay ポイントがもらえます。合わせて 5％のポイント付与はとてもおトクです。

▼ Yahoo! ショッピングで買い物でもらえる PayPay ポイントについて
https://shopping.yahoo.co.jp/promotion/campaign/ppevr5/

> **おトク**
> これまで何度か実施された大規模キャンペーン「超 PayPay 祭」では、PayPay で支払うと通常時よりもポイントが多く付与され、Yahoo!ショッピングをおトクに利用できました。

▼ Yahoo!ショッピング

Column 「Yahoo!ショッピング」

．．

Yahoo! ショッピングは、ヤフー株式会社[1] が運営するオンラインショッピングモール（EC モール）です。日用品から家電、ファッションアイテム、食品まで幅広い種類の商品を揃えており、「楽天市場」「Amazon」とともに国内 3 大 EC モールといわれています。

キャンペーンの詳細などは変更になる可能性があります。おトクなキャンペーンのスケジュールは、以下の URL で確認してください。

https://shopping.yahoo.co.jp/promotion/campaign/guide/

Yahoo! JAPAN ID と PayPay を連携する

　ヤフーのサービスで PayPay を利用したり、PayPay ポイントを獲得したりするには、Yahoo! JAPAN ID と PayPay アカウントを連携させる必要があります。一度連携すれば、その後は継続的に利用でき、連携の解除や再連携もできます。

▼ PayPay が使える Yahoo! JAPAN のサービス

・Yahoo!ショッピング　・ヤフオク![2]

・LOHACO　・ebookjapan　・Yahoo!トラベル　など

おトク

　「Yahoo!ズバトク」では、PayPay ポイントがその場で当たるくじやお得なクーポンがもらえるキャンペーンにも参加可能です。

▼ Yahoo!ズバトク

※ 1 2023 年 10 月 1 日にヤフー株式会社の名称が、「LINE ヤフー株式会社」に変更されます。
　　https://about.yahoo.co.jp/topics/20230901a.html
※ 2 2023 年秋にサービスの名称が、「ヤフオク!」は「Yahoo! オークション」に変更されます。
　　https://paypayfleamarket.yahoo.co.jp/notice/other/post_655/

Yahoo! JAPAN ID との連携方法

① ホーム画面の「アカウント」をタップ

②「外部サービス連携」を選択

③「Yahoo! JAPAN ID 連携する」を選択

④ 注意事項などを確認のうえ「上記に同意して連携する」をタップ

⑤ 連携する Yahoo! JAPAN ID を入力してログイン

➡ Yahoo! JAPAN ID の連携が完了

超入門

初期設定

支払い

ポイント

クーポンとキャンペーン

便利ワザ

セキュリティ

Yahoo!ショッピングで PayPay を利用する方法

➡ 注文する商品を決めてカートに入れる

1 「ご注文手続きへ」をタップ

2 支払い方法の画面で「クレジット」か「残高」を選択し、「ご注文内容の確認」をタップ

➡ 注文の最終確認の画面が表示される

3 注文内容を確認し、「ご注文を確定する」をタップ

➡ 注文完了

➡ 付与される PayPay ポイントが表示される

⚑ Amazon で PayPay を利用する

Amazon.co.jp で PayPay を利用するには、次の 2 つの条件を満たす必要があります。

- **PayPay の本人確認が完了していること。**
- **Amazon アカウントと PayPay アカウントを連携させること。**

　Amazon アカウントと PayPay アカウントの連携は、PayPay アプリが入っているスマートフォンで初回のみ行います。2 回目以降は「支払い方法選択画面」で PayPay を選択するだけで利用できます。連携の解除や再連携もできます。

また、利用可能なのは残高（PayPayマネー・PayPayポイント）のみで、PayPayマネーライトやクレジットは利用できません。

Amazon アカウントと PayPay アカウントの連携方法

➡ Amazon で商品をカートに入れ、支払い方法選択画面を開く

① 「お支払い方法を追加」を選択

② 「PayPay アカウントを追加」を選択

③ 「PayPay アカウントを追加」を選択

④ 認証中。画面が切り替わるまで待つ

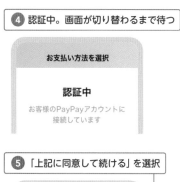

⑤ 「上記に同意して続ける」を選択

➡「Amazon アカウントに連携するには本人確認が必要です」と表示された場合は本人確認を行う

⑥ 連携が完了
「ご利用中のサービスに戻ります」を選択

➡ Amazon のサイトに戻る

✅ Point

アカウントを連携することで、支払い方法で PayPay を選択できるようになります。PayPay を選択して注文を確定すると、残高から差し引かれます。

▼ 支払い方法に PayPay が表示される

▼ PayPay の取引履歴

➡ PayPay の取引履歴で Amazon への支払いを確認できる

おトク

PayPay は、ビックカメラ．com、Netflix、Apple のネットストアなどでも利用可能です。

🚩 さとふる（ふるさと納税）で PayPay を利用する

　人気のふるさと納税サイトさとふるは、PayPay アプリ内からふるさと納税をタップして必要事項に同意するだけで簡単に利用できます。また、PayPay アプリ内（PayPay 版さとふる）からの注文で PayPay ギフトカードがもらえるキャンペーンが定期的に開催されています。

🔖 メガさとふるの日キャンペーン

2023 年 9 月は**メガさとふるの日キャンペーン**が開催中で、3 と 8 のつく日 +その前日の 2 と 7 のつく日に PayPay 版さとふるから寄付をすると**寄付金額の 6%相当の PayPay ギフトカードがもらえます（付与上限なし）**。例えば、2 万円の寄付をした場合、1,200 円の PayPay ギフトカードがもらえます。

おトクにふるさと納税できるタイミングは、PayPay 版さとふるや、さとふる公式サイトで確認するとよいでしょう。

▼ さとふる公式サイト

https://www.satofull.jp/

🔖 PayPay 商品券

さとふるではふるさと納税のお礼品として **PayPay 商品券**を選ぶことができます。PayPay 商品券は自治体と寄付額を選び寄付することで取得でき、寄付した自治体の加盟店で PayPay アプリから利用できます。**PayPay 商品券は事前に寄付をする必要はなく、その場で寄付して利用できるため、観光や旅行で地域を訪れた際に気軽に利用できます。**

寄付額は 1,000 円から 50 万円まで自治体によって異なり、寄付額の 3 割程度を PayPay 商品券として利用できます（有効期限は 180 日です。p.88 の Memo 参照）。例えば 5 万円を寄付した場合、1 万 5 千円分の PayPay 商品券がもらえます。

▼ ふるさと納税で取得した PayPay 商品券の使い方

さとふるで寄付をする	PayPay アプリで PayPay 商品券を受け取る	寄付した自治体の対象施設・店舗で PayPay 商品券を使う

https://cp.satofull.jp/guide/paypay_giftVoucher.php

さとふるの利用方法

❶ ホーム画面の「すべて」を選択

➡ホーム画面に表示されている場合も
ある

❷ 「ふるさと納税」を選択

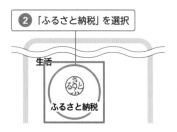

**❸ 内容確認の上、「上記に同意して
続ける」を選択**

**❹ 希望の自治体名と PayPay 商品券
で検索**

**❺ PayPay 商品券を選択して
「カートに入れる」をタップ**

➡ カートページに進む

❻ 「寄付申込へ進む」を選択

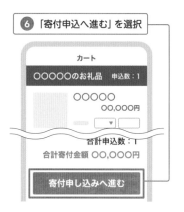

➡利用規約に同意、必要事項入力の
上、入力情報の確認画面まで遷移

7 「送信する」を選択

お支払い方法

■お支払い方法
PayPay残高払い

申込前に必ずご確認ください

上記注意事項に同意の上、
送信する

8 内容を確認し、「支払う」を選択

お支払い方法

■お支払い方法
PayPay残高払い

支払い

支払い金額（税込）　　○○,○○○円

支払い方法

支払う

Column　ふるさと納税とは？

ふるさと納税とは、自分の好きな自治体に寄付ができ、税の還付・控除が受けられる制度です。控除される金額は寄付金から 2,000 円を引いた金額です[※]。例えば、5 万円分のふるさと納税を寄付すると、控除される税額は「寄付額（50,000 円）－ 2,000 円＝ 48,000 円」となります。さらに、寄付した自治体からはお礼品（寄付金額の 3 割以内）をもらえます。つまり、5 万円を寄付した場合、48,000 円の税額控除が受けられて、さらに 15,000 円分のお礼品をもらえます。

▼ ふるさと納税の仕組み

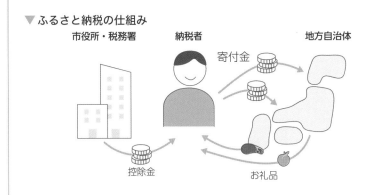

市役所・税務署　　納税者　　　　　　　地方自治体

寄付金

控除金　　　　　　　　お礼品

※控除上限額内で寄付した場合。控除の上限は、年収・所得金額および家族構成などによって決定します。上限額目安はふるさと納税サイト「さとふる」の控除額シミレーションなどで調べられます。

超入門

初期設定

支払い

P ポイント

クーポンとキャンペーン

便利ワザ

セキュリティ

取得した PayPay 商品券の確認方法

1 ホーム画面の「アカウント」を選択

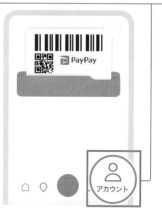

2 「支払い方法の管理」を選択

3 上部をスライドし、PayPay 商品券の「詳細」を選択

商品券一覧

〇〇県〇〇町

利用可能な金額/商品券元金額
30,000円 /50,000円
利用期限：20xx年12月31日 23:59

何回でも使える　　この商品券について >

〇〇県〇〇市

50,000円 /50,000円

この商品券について >

〇〇県〇〇市

➡ 取得した商品券の残高、有効期限、利用可能加盟店一覧などを確認できる

Memo **PayPay 商品券の自動優先支払いについて**

PayPay アプリのバージョン 4.4.0 以上の場合に自動優先支払い機能が適用されます。自動優先支払いを設定している場合、支払いの選択「残高 / クレジット（旧あと払い）」にかかわらず、優先して PayPay 商品券での支払いが適用されます。
PayPay 商品券の自動優先支払いの設定方法：https://paypay.ne.jp/help/c0365/#c0365_4

Memo **PayPay 商品券の有効期限**
「PayPay 商品券」の有効期限は 2 年間（有効期限は寄付日から 730 日）に変更予定です。
https://about.paypay.ne.jp/pr/20230831/01/

chapter 2

7 テイクアウトやデリバリーで使うには

超入門

初期設定

支払い

P ポイント

クーポンとキャンペーン

便利ワザ

セキュリティ

PayPay は食事のデリバリー（宅配）や、テイクアウトの支払いにも利用できます。

テイクアウト

テイクアウト（持ち帰り）を利用する際には、店頭で注文して PayPay で支払うこともできます。しかし、マクドナルドやスシローなどスマートフォンでテイクアウト注文が可能な店舗では、注文時にオンラインで PayPay 支払いをするとさらに便利です。事前に支払いを済ませておくことで、レジに並ぶ必要がなく、商品をスムーズに受け取ることができます。

▼ テイクアウト・デリバリーで PayPay が使えるお店

- スシロー
- なか卯
- Uber Eats
- ピザハット

- すき家
- ほっともっと
- モスバーガー
- マクドナルド

- ミスタードーナツ
- 松屋

▼ 忙しい日も便利な PayPay

注文

移動中など空いた時間に
注文できる

自宅で24時間
待たずにサッと受け取れる

モバイルオーダー

マクドナルドのモバイルオーダーは店内飲食でもテイクアウトでも利用できます。モバイルオーダーとは、スマートフォンなどの端末から注文する方法です。店内飲食の場合は席についてからゆっくりと注文ができ、商品ができるとスタッフが席まで運んでくれます。テイクアウトの場合は、レジに並ぶことなく、短時間で商品を受け取ることができます。

マクドナルドのモバイルオーダー

❶ マクドナルドの公式アプリで「モバイルオーダー」をタップ（会員登録が必要）

❷ 店舗を選択し、商品をカートに追加して「レジに進む」をタップ

➡利用方法を選択

❸ 支払い方法で「PayPay」を選択し、「次へ」をタップ

❹「注文を確定」をタップ

❺ 店舗に到着したら「決済確定・商品を作り始める」をタップ

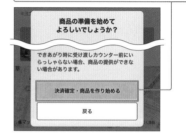

⑥ 「注意事項を理解し、決済
サービスを開く」をタップ

➡ PayPay の決済音が鳴り、支払い
受付画面が表示される

⑦ PayPay アプリが開き、金額を
確認して「支払う」をタップ

⑧ 画面をタップするとマクドナルド
公式アプリに戻る

➡ 店内のモニターに注文番号が表示さ
れたら、商品を受け取る

超入門

初期設定

支払い

ポイント

クーポンと
キャンペーン

便利ワザ

セキュリティ

デリバリー（宅配）で PayPay を利用する 2 つの方法

デリバリーの支払いに PayPay を利用する場合、事前支払いと受け取り時支払いの 2 つの方法があります。

事前支払い

事前支払いは、スマートフォンでオンライン注文と同時に PayPay で決済を行う方法です。この方式は商品受け取り時に支払いの手間がなく便利ですが、PayPay のオンライン決済に対応している店舗（ピザハットや出前館など）のみで利用可能です。

受け取り時支払い

受け取り時支払いは、インターネットや電話で注文を行い、配達員から商品を受け取る際に PayPay で支払います。この方式はピザーラなどで利用できます。

Memo

以下の 3 つは、PayPay のアプリ内から直接注文できます。ホーム画面の「>すべて」→「フード」のカテゴリから利用できます。

①吉野家テイクアウト：全国にある吉野家の店舗で、お弁当のテイクアウトが事前注文できるサービス。

②松弁ネット：松屋フーズのお弁当をカンタンに事前注文。最短 15 分から 24 時間後まで受け取り可能。

③Uber Eats：全国 47 都道府県、幅広いジャンルの商品を注文できるデリバリーサービス。

---

chapter 2

8 使えるお店を探す

PayPay アプリの「近くのお店」をタップして探すこともできます。地図
上に近くの PayPay 対応店舗が表示されます。

■ PayPay が使えるお店を探す

① ホーム画面下部の「近くのお店」をタップ

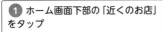

➡ 現在地周辺の地図が表示される

② 地図上の数字をタップ

➡ 店舗一覧が表示される[※]

※対象店舗の確認方法は変更になる場合があります。最新の対象店舗の確認方法は PayPay ホーム
ページを確認してください。

超入門

初期設定

支払い

P ポイント

クーポンと
キャンペーン

便利ワザ

セキュリティ

93

☑ Point 位置情報への使用許可を求められたら

「近くのお店」をタップ後、位置情報への使用許可を求める画面が表示された場合は、「この App の使用中は許可」を選択します。一度許可を行うと、次回以降はこのメッセージは表示されません。

❶「現在地付近の情報を表示する」をタップ

❷「App の使用中は許可」をタップ

Memo 応援のアイコン

地図の上部の「おトク」をオンにすると、自治体で開催されている「あなたのまちを応援プロジェクト」に参加しているお店を表示できます※。詳しくは Chapter4 p.116 で解説します。

▼ 該当の自治体の場合に表示される応援アイコン

※対象店舗の確認方法は変更になる場合があります。最新の対象店舗の確認方法は PayPay ホームページを確認してください。

Memo PayPay が使えるお店

PayPay が利用できるお店は、入口などに PayPay のアクセプタンスマークが掲載されていることが多いです。そのようなお店を見かけたら PayPay を利用してみましょう。

▼ アクセプタンスマーク

PayPay のアクセプタンスマークが目印！

3

おトクにポイントを使おう！
〜 PayPay の良さはポイントにあり〜

chapter 3

1 ポイント付与率を知ろう！

PayPay で支払いをすると PayPay ポイントが付与されます。ポイント
付与率は、支払い方法や利用状況によって異なります。ここではポイント
付与の仕組みを紹介します。

🚩 PayPay ポイントと PayPay ステップ

基本のポイント付与率は、**残高で 0.5%、クレジット（旧あと払い）で 1.0%**です。
さらに、前月の PayPay の利用状況に基づき、2 つの条件を達成すると＋ 0.5%、
PayPay カード ゴールドをクレジット利用設定すると＋ 0.5%が加算されます。こ
の仕組みのことを **PayPay ステップ**と呼びます。

▼支払いと PayPay ステップで付与されるポイント

支払い方法	アプリでの支払い		カードでの支払い ※クレジット（旧あと払い）登録済み	
	残高	クレジット（旧あと払い）	PayPay カード	PayPay カード ゴールド
基本付与分	0.5%	1.0%	1.0%	1.0%
条件達成特典 <達成条件クリアで>	➕ 0.5%	➕ 0.5%	➕ 0.5%	➕ 0.5%
PayPay カード ゴールド特典	－	➕ PayPay カード ゴールドを クレジット（旧あと払い）登録すると 0.5%	－	➕ 0.5%
適用期間の付与率	🔻合計最大 1.0%	🔻合計最大 2.0%	🔻合計最大 1.5%	🔻合計最大 2.0%

🟣 PayPay ステップ達成の条件

PayPay ステップで追加の 0.5%が加算されるためには「**月に 200 円以上の支払
いを 30 回以上、かつ、合計 10 万円以上の支払い**」という条件を達成する必要が
あります。この支払いは PayPay と PayPay カード/PayPay カード ゴールドの利
用分の両方がカウントされます（PayPay カード/PayPay カード ゴールドをクレ
ジットに登録していることが条件）。

Memo
PayPay ステップの条件を達成するのは、PayPay を使いはじめたばかりの人にとってはハードルが高いかもしれません。条件達成のために不必要な支出を増やさない範囲で、自分の生活スタイルに合った形で PayPay を活用しましょう。

おトク
クレジット（旧あと払い）にするだけで基本付与率が 1.0％に！
PayPay での支払い方法を「残高」から「クレジット（Chapter1 p.35）」に変更することで、PayPay ステップの基本付与率を 0.5％から 1.0％に上げることができます。付与率を上げたい場合にはクレジットの利用も検討してみましょう。

PayPay ステップのポイントの付与率 / 達成状況を確認する

　PayPay ステップの現在のポイントの付与率や今月の達成状況は、アプリで確認できます。

PayPay ステップ達成状況の確認

1 PayPay アプリホーム画面の「ポイント」をタップ

2 「PayPay ステップ」をタップ

➡ PayPay ステップの現在のポイントの付与率が表示される

▼ PayPay ステップを達成した場合

chapter 3

2 ポイントの確認

PayPay を利用していると自然とポイントが貯まります。実際に獲得した
ポイントや今後付与される予定のポイントを確認してみましょう。

PayPay ポイントを手元で確認しよう

PayPay ポイントは PayPay アプリの**ポイント**から確認できます。

PayPay ポイントの確認

❶ ホーム画面上部の
「ポイント」をタップ

❷ 「使えるポイント」または
「貯まったポイント」をタップ

➡付与予定のポイントや付与履歴が確
認できる

Memo

付与済のポイントは、緑の「付与完
了」のアイコンが表示されます。

▼付与済のポイント

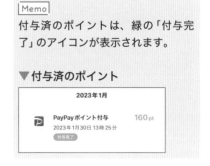

PayPay ポイントはいつ付与される？

　支払いによって獲得した PayPay ポイントは、支払いの翌日から数えて **30 日後**に付与されます。付与予定のポイントはカレンダー表示でも確認することができます。

PayPay ポイントの付与予定日

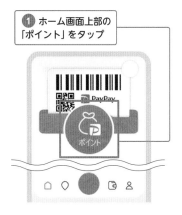

❶ ホーム画面上部の「ポイント」をタップ

❷ 「付与予定のポイント」をタップ

❸ 日付をタップする

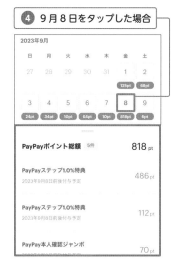

❹ 9 月 8 日をタップした場合

➡ **9 月 8 日前後に付与されるポイントが確認できる**

超入門

初期設定

支払い

P ポイント

クーポンとキャンペーン

便利ワザ

セキュリティ

chapter 3

3　ポイントの利用

> 獲得した PayPay ポイントの利用方法は、①支払いに使う、②貯める、
> ③ポイント運用（疑似運用体験）の 3 つがあります。

🚩 ポイントの利用設定

　PayPay ポイントの利用設定は、**初期設定では「貯める」**になっています。「支払いに使う」や「運用する」場合には利用設定を変更する必要があります。また、PayPay ポイントは出金、自治体への請求書払い（税金など）、送る機能には利用することができません（Chapter1 p.29 残高の種類で説明）。

ポイントの利用設定

❶ ホーム画面下部の「ウォレット」をタップ

❷ PayPay ポイントの「設定を変更する＞」をタップ

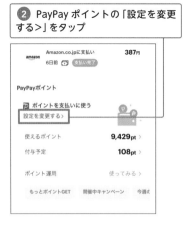

❸ 設定したい利用方法を選択

❹ 右上の「保存」をタップ

▶ ①支払いに使う

　PayPay ポイントは、**1 ポイント= 1 円**として、PayPay 対応の実店舗やオンラインサービスなどで利用できます。PayPay 決済時には、ポイントを残高と合わせて利用できます。クレジットや PayPay 商品券との併用はできません。

　ポイントを支払いに使う設定にすると PayPay ポイントを含めた金額が残高として表示され、ポイントを支払いに利用できます。

▼「ポイントを支払いに使う」に設定した場合

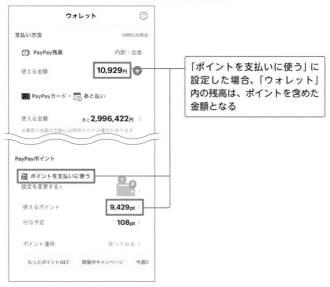

「ポイントを支払いに使う」に
設定した場合、「ウォレット」
内の残高は、ポイントを含めた
金額となる

おトク

　PayPay ポイントを支払いに使用した場合でも、PayPay ステップによるポイントが付与されます。

▶ ②貯める

　PayPay ポイントには有効期限がないので、ポイントの利用を焦る必要はありません。ポイントを貯めておき、「貯まったポイントでほしい商品を購入したい」など自分の都合に合わせて利用できます。

③ポイント運用（疑似運用体験）

　PayPayポイントは1ポイント（1円相当）から運用に利用できます。証券口座の開設手続きなどは一切不要で、PayPayアプリ上で運用したいコースを選んで追加するだけではじめられます。運用中のポイントはいつでも自由に引き出せます。

◆ ポイント運用のコース

　PayPayのポイント運用には5つのコースが用意されており、それぞれ対象が異なります。例えば、**スタンダードコース**はアメリカを代表する複数企業に分散して運用するため変動が小さく、安定した運用が期待できます。そのため長期運用に向いています。一方、**チャレンジコース**はアメリカを代表する複数企業の株価に連動して3倍上下します。高い利益が期待できますが、下がり幅も大きいためリスクを許容できる人向けといえます。

▼ポイント運用のコース

金（ゴールド）コース	金で運用するETF（SPDR Gold Trust）の価格に連動するコースです。一般的に株価の下落時に影響を受けづらく、長期運用に向いています。
テクノロジーコース	ベンチャー企業向けの株式市場として有名なナスダック市場で、最も代表的な100企業に分散して投資します。アップル、マイクロソフト、アマゾン・ドット・コム、その他通信、流通などの業界の代表企業で構成され、世界規模で成長を遂げている企業に投資したい方におすすめのコースです。
スタンダードコース	アメリカを代表する複数企業に分散して運用するコースです。そのため大きな変動は少なく、長期運用に向いています。
チャレンジコース	アメリカを代表する複数企業の株価に連動して3倍上下するコースです。10％上がればあなたのポイントは30％プラスに。下がる時も大きいですが短期運用に向いてます。
逆チャレンジコース	アメリカを代表する複数企業の株価と反対（逆）方向に3倍上下するコースです。10％下がればあなたのポイントは30％プラスに。株価下落時にリターンが期待でき、短期運用に向いています。

　ポイント運用はあくまでも「疑似運用体験」であり、元本保証ではないため、下落した場合はポイントが減少して損をしてしまいます。リスクも考えてポイント運用をしましょう。

ポイント運用をはじめる

① ホーム画面の「ポイント運用」をタップ

② 運用するコースを選択

③ ポイント運用額を入力し「追加する」をタップ

➡ 運用額が追加された

➡「運用状況」で運用中の残高や損益を確認できる

超入門

初期設定

支払い

P ポイント

クーポンとキャンペーン

便利ワザ

セキュリティ

chapter 3 / 4　ポイントをラクに貯める

> PayPay で支払いをしたり、キャンペーンに参加したりすると、PayPay ポイントが貯まります。PayPay ポイントをラクに貯める方法を紹介します。

▰ PayPay 支払いで貯める

　PayPay ポイントを貯める方法としてもっとも一般的なのは実店舗やネットのお店での支払いです。PayPay で支払った場合、PayPay ステップ（Chapter3 p.96）に基づき、**購入金額の 0.5 〜 2.0％のポイント**が付与されます。

　例えば、毎月スーパーで 4 万円を現金で支払っている場合、支払いを PayPay に変えるだけで毎月 400 ポイント（付与率 1％の場合）が貯まります。コンビニ、ドラッグストア、美容院、動物病院など PayPay が使えるお店は多いので、これらの支払いを全て PayPay にすることでポイントをたくさん獲得できます。

　まずは現金や他の方法で支払っている日々の買い物を、PayPay で支払うことからはじめてみましょう。

▰ 高付与率のキャンペーンに参加する

　PayPay は定期的におトクなキャンペーンを実施しており、**購入金額の 20％以上のポイントが戻ってくるキャンペーン**もあります（Chapter4 p.115 で解説）。これらのキャンペーンを賢く利用することで、短期間に大量のポイントを獲得することも可能です。

> Memo
> **ポイント獲得につられて、本来必要ではない商品をポイント獲得のために購入し無駄遣いをしないよう注意しましょう。**

▰ PayPay ポイント運用を利用する

　PayPay ポイントを運用に利用することでポイントを増やすことが可能です。ただし、逆にポイントが減ってしまう可能性もあるので、その点を理解した上で利用しましょう（Chapter3 p.102）。

📣 PayPay カードで貯める

　PayPay カードはクレジット（旧あと払い）に登録できるなど PayPay 利用者にとってメリットが大きいカードです。PayPay カードを利用すると、**支払い金額の 1%の PayPay ポイント**が貯まります。また、クレジット登録済みの PayPay カード支払いは PayPay ステップの対象となります。

> **おトク**
> 　PayPay カードは、新規入会キャンペーンを開催しており、カード新規発行と 3 回利用で最大 5,000 円相当の PayPay ポイントがもらえます。申込経路や時期によって特典内容が異なります。
>
>
>
> 開催中・開催予定のキャンペーンは、WEB ページにてキャンペーン一覧を確認してください。（本書刊行 2023 年 9 月 29 日時点）
> ※ 1 申込月を含む 2 カ月目の末日までの利用が対象です。なお、PayPay（残高）のみのご利用・PayPay（残高）チャージ等、一部特典の対象外となる場合があります。
> ※ 2 出金・譲渡不可。PayPay/PayPay カード公式ストアでも利用可能。
> ※ 3 PayPay カード会員および旧 Yahoo! JAPAN カード会員（退会済も含む）は対象外です。

📣 ポイント交換で貯める

　<u>他社で貯めたポイントを PayPay ポイントに交換することができます</u>。例えば、T ポイントは 1 ポイントから PayPay ポイントと交換可能です。T ポイントには有効期限がありますが、PayPay ポイントには期限がありません。そのため、有効期限が近付いている T ポイントを PayPay ポイントに交換することで、期限を気にせずにポイントを活用できるというメリットもあります。

▼ **PayPay ポイントに交換可能なサービスの一例**

Tポイント	LINE ポイントクラブ	ソフトバンク ポイント	ふるさと納税 さとふる	モッピー
1ポイント	25ポイント	1ポイント	1さとふるマイポイント	500ポイント
▼	▼	▼	▼	▼
P｜1ポイント	P｜25ポイント	P｜1ポイント	P｜1ポイント	P｜500ポイント

> **おトク**
> 　PayPay ポイントは期限がなく、多くのお店で使用できるので、とても便利です。散らばった他社ポイントを PayPay ポイントに集約することで、無駄なくポイントを活用できます。

サイドタブ：超入門／初期設定／支払い／P ポイント／クーポンとキャンペーン／便利ワザ／セキュリティ

chapter 3

5 おトクな情報収集のコツ

より多くのポイントを獲得するには、おトクなキャンペーンへの参加がおすすめです。ただし、おトクなキャンペーンは突然はじまり、あっという間に終わることもあるため、参加するには日常的な情報収集が重要です。

🚩 ① PayPay アプリの「おトク情報」をチェックする

ホーム画面にある「ポイント」ボタンをタップしてスクロールすると、おトク情報を一目で確認できます。この情報をこまめにチェックしていれば最新のキャンペーン情報を把握することができます。

おトク情報の確認

1 ホーム画面上部の「ポイント」をタップ

2 「キャンペーン＆おすすめ情報」をタップ

3 おトク情報一覧から確認したいキャンペーンを選択

➡ 各キャンペーンの情報が確認できる

超入門

初期設定

支払い

P ポイント

クーポンとキャンペーン

便利ワザ

セキュリティ

Memo
❸の画面で「開催予定」をタップすると、開催予定のおトク情報が確認できます。

▼ 開催予定のおトク情報

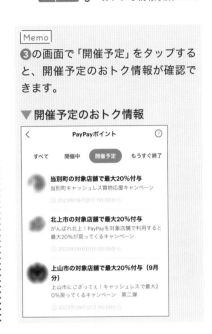

② PayPay 対応店舗の告知をチェックする

普段よく利用する店舗が PayPay 対応店舗であれば、店頭に掲示されているポスターなどで PayPay の最新キャンペーン情報を知ることができます。PayPay アプリのホーム画面のベルのマークの「通知」から、「キャンペーン」を開いても確認できます。

▼ キャンペーンの告知ポスターイメージ

🚩 ③ SNS を活用する

　SNS を活用するのも情報収集に効果的です。特に X（旧 Twitter）は、情報をリアルタイムで共有できるため、最新情報をすばやくキャッチできます。PayPay の X 公式アカウント（@PayPayOfficial）では最新のキャンペーンやクーポンなどのおトクな情報を発信しています。アカウントをフォローすることで最新情報をいち早く知ることができます。

▼ PayPay の公式 X アカウント

Column　情報収集の秘訣

　PayPay の公式アカウント以外にも、SNS 上には多数の情報発信アカウントが存在します。自分の興味やニーズに合うアカウントを発見した場合にはフォローをして、情報収集するのもよいでしょう。ただし、SNS 上にはおトクに関する情報量が膨大にあり、全ての情報を追うことは困難です。情報収集に夢中になりすぎて、無駄に時間を費やし、健康を害することのないように注意しましょう。全ての情報を追い求めるのではなく、自分のペースで楽しみながらやるのが情報収集を続けるための秘訣です。

Chapter

4

PayPay をもっとおトクに使おう！
～クーポンとおトクなキャンペーン～

chapter 4

1 クーポンの使い方

PayPay では、対象店舗での支払い時にポイントが付与されるおトクな
PayPay クーポンを配布しています。PayPay クーポンは PayPay アプ
リ内で獲得することができます。

🚩 PayPay クーポンの魅力とポイント

　支払い前に対象店舗のクーポンを獲得しておくと、**対象店舗での支払い時に自動
的に適用されます**。そのため、レジで慌ててクーポンを探したり、クーポンを提示
し忘れたりする心配がありません。各クーポンには**最低支払金額**や**付与上限**などの
適用条件があるため、お店を利用する前に詳細を確認しておきましょう。

　例えば、次の図のクーポンでは、支払い金額の 5％が PayPay ポイントとして付
与されます。クーポン詳細には「1,000 円以上の支払い」が必要で、「1 回あたりの
最大付与額は 1,000 ポイントまで」などの条件が記載されています。

▼ PayPay クーポン

| 5％の PayPay ポイントが付与されます | 利用条件が書かれています |

5％付与 (最大)
🕐 2023年05月31日 23:59まで

何回でもOK

デニーズで使えるお得なクーポン
ファミリーレストラン「デニーズ」でご利用いただけ
るお得なクーポンです。ぜひこの機会に「デニーズ」
でのお食事やテイクアウトをお楽しみください。※ク
ーポンの予算に到達次第、予告なく早期終了する場合
がございます。店頭決済のみが対象です。

🕐 クーポン期間
2023年05月31日 23:59まで

👤 対象者
すべての方

🕐 対象金額
1000円以上の支払い

P 1回あたりの最大付与額
最大1,000pt付与まで

P 合計付与上限額
2,000pt付与まで

💡 クーポンで獲得できるポイント

　クーポンを利用して付与されるポイントとは別に、**PayPay ステップのポイン
ト (0.5 〜 2％)** も併せて付与されます。例えば、PayPay ステップの付与率が
1.0％のユーザーが **5％の付与率のクーポンを利用した場合、合計で 6％のポイン
ト**が付与される計算になります。

※「獲得」ボタンからクーポンを獲得した場合は、自動的にそのお店をフォローすることになります。

> **おトク**
> 　6%ポイント付与の場合、1,000円の支払いでは60円分のポイントを獲得
> できます。家族や複数で3,000〜4,000円の食事をすると、180〜240円分の
> ポイントが獲得できます！

Memo
同じ店舗のクーポンを2つ以上獲得している場合は、付与額の高いクーポン1つの
みが適用されます。

お店をフォローしてクーポンを獲得する

　クーポンは「獲得」または「フォローしてクーポンを獲得する」ボタンから獲得で
きます。

　PayPayクーポンを獲得するには対象店舗をフォローする必要があります[※]。店
舗をフォローするとお店からの新着情報を受け取ることができ、「フォロー中のお
店」として一覧で表示されます。

　フォロー中のお店が新しいクーポンを発行した場合、クーポンは自動では取得され
ません。新しいクーポンを獲得するには、その都度手動で取得する必要があります。

Memo
店舗をフォローすることに抵抗を感じる方もいるかもしれませんが、フォローする
ことのデメリットはありません。フォローは簡単に解除が可能です。

獲得ボタンからクーポンを獲得

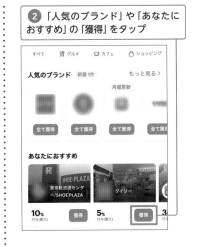

❸ 即座にクーポンを獲得できる

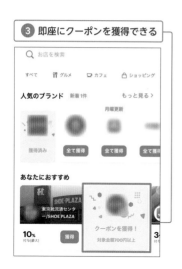

☑ Point

返品した場合、クーポン利用が取り消され再度利用できる状態となります。なお、以下の場合は再利用ができません。

・クーポンが期限切れの場合
・クーポンに設定されている予算を超過した場合
・返金後も適用条件を満たしており、そのままクーポンが適用されている場合

お店の詳細ページからクーポンを獲得

❶ ホーム画面の「クーポン」をタップ

❷ ブランドのロゴをタップ

➡「人気のブランド」や「あなたにおすすめ」から気になるお店をタップすると詳細を確認できる

③ 獲得したいクーポンをタップ

④ 「フォローしてクーポンを獲得する」をタップしてクーポンを獲得できる

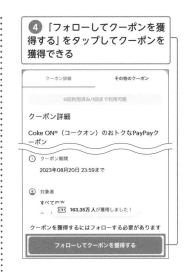

Memo

「あなたにおすすめ」からも次の手順でクーポンを獲得できます。

① お店の画像をタップ

② 「フォローしてクーポンを獲得する」をタップしてクーポンを獲得できる

超入門

初期設定

支払い

Ⓟ ポイント

クーポンとキャンペーン

便利ワザ

セキュリティ

⚑ お店でクーポンを使う

　事前にクーポンを獲得していたお店で支払いをすると、自動でクーポンが適用されます。適用されたことは、簡単に確認できます。

▮ 支払い後にクーポンが適用されたか確認する

①　支払いをした後、「詳細」をタップ

➡取引履歴からも確認できる

➡「クーポン利用」と表示される

▼ ソフトバンクユーザー限定のスーパー PayPay クーポン

　ソフトバンクのユーザーは、毎月**スーパー PayPay クーポン**をもらうことができます。このクーポンは最大半額相当の PayPay ポイントが戻ってくるなど、通常のクーポンよりもかなりおトクになっています。ソフトバンクユーザーの方は積極的に利用しましょう。

> **おトク**
> 　クーポンは、ネット利用・注文でも利用できます。しかも PayPay アプリから遷移する必要がなく、お支払い（加盟店からのご請求）時に自動的にクーポンが適用されます。

2 さまざまなキャンペーン

> PayPay の大きな魅力として、短期間でたくさんのポイントを獲得できる
> 付与率の高いキャンペーンがあげられます。誰でも参加しやすく、ポイン
> トが貯まりやすいおすすめのキャンペーンを紹介します。

🚩 PayPay の自治体キャンペーン

あなたのまちを応援プロジェクトは、全国の地方自治体と PayPay が連携して実施しており、地元経済の活性化が主な目的とされています。

各自治体によってキャンペーンの内容は異なりますが、一般的な自治体キャンペーンでは地域内の自治体指定の店舗で PayPay を利用するだけで購入金額の 20〜30% の PayPay ポイントが付与されます。

🔻 対象店舗の確認方法
- 店頭に掲示されているポスター
- PayPay アプリの「近くのお店」の「応援」マーク※

▼ 自治体キャンペーンポスター

※対象店舗の確認方法は変更になる場合があります。最新の対象店舗の確認方法は PayPay ホームページを確認してください。

超入門
初期設定
支払い
ポイント
クーポンとキャンペーン
便利ワザ
セキュリティ

PayPayアプリの「応援」マークを確認する※

①「近くのお店」を選択

②「おトク」をオンにすると対象店舗のみが表示される

③「練馬区」を選択すると対象店舗のみに絞り込まれる

Memo
「近くのお店」は詳細な地図が表示されるため、とても便利です。

▼墨田区10％で絞り込んだ場合

※対象店舗の確認方法は変更になる場合があります。最新の対象店舗の確認方法はPayPayホームページを確認してください。

自治体キャンペーンで獲得したポイントの確認【例】

1,954 円を PayPay で支払い、30 日後に 30％のポイントが付与された際の表示は以下の通りです。

➡ 購入代金の 30％のポイントが付与された

> **✅ Point**
> キャンペーンへの参加は、当該自治体の住民である必要はありません。職場の近くや旅行先でこのキャンペーンが実施されていればその場で参加することができます（該当店舗で支払いをするだけで参加できます）。

Column **LYP マイレージで特典ゲット！**

LYP マイレージは、商品を購入するだけで自動的に商品ごとの購入金額に応じた特典を受けられる機能です。LYP マイレージの利用にあたり、ウエルシアなどの対象店舗で購入すれば、参加のためのエントリーや登録などは不要です。いつも購入している商品が対象になっていたら、ぜひ利用してみましょう。

ポイントが付与される色々なキャンペーン

期間中に PayPay ポイントを使って支払うと、PayPay ポイントの使用額に応じたポイントがもらえるキャンペーンや、ソフトバンクを利用しているユーザ限定で PayPay ポイントがもらえる長期継続特典もあります。他にも多数のキャンペーンがあり、参加するとポイントがおトクに獲得できます。

▼ 対象店舗で PayPay ポイント使っておトクキャンペーン

▼ 長期継続特典で PayPay ポイントがもらえる

Memo

開催中のキャンペーンや、開催予定のキャンペーンの情報は以下の URL から確認できます。

https://paypay.ne.jp/event/

▼ PayPay のキャンペーンページ

chapter 4

3 超 PayPay 祭

「超 PayPay 祭」は、PayPay が開催する大規模キャンペーンです。期間中にはおトクなクーポンが発行されたり、通常よりもおトクに利用できます。

超入門

初期設定

支払い

P ポイント

クーポンとキャンペーン

便利ワザ

セキュリティ

■ PayPay ジャンボとは

　PayPay ジャンボは、PayPay での支払い時にアプリ上で抽選がはじまるキャンペーンでした。抽選に当選すると、ポイント付与率がアップするもので、支払いをしたその場で結果が確認できました。

　1 等が当選すれば支払い金額の全額の PayPay ポイントが戻ってくるなどの特典があり、日々の買い物が一層楽しめるものでした。

■ 本人確認ジャンボとは

　2023 年 6 〜 8 月には 2 カ月に渡り、**本人確認ジャンボ**が開催されました。PayPay ジャンボと同様に、PayPay で支払い時にアプリ上で抽選がはじまるキャンペーンです。参加の条件に、本人確認が必要であったのが特徴です。

　支払い方法によって当選確率が上がりました[※]。

Memo
超 PayPay 祭には、ポイントの付与上限があります。

おトク
　本人確認ジャンボでは、店頭での支払いに加え「オンラインストアでの支払い」でもキャンペーンの対象になりました。

※ PayPay 株式会社の想定決済回数をもとに、各等の当選確率を設定しています。「〇回に 1 回の確率で当たる」はお支払いごとの当選確率を示すものであり、必ず当選確率ごとに当たるものではありません。

▼超 PayPay 祭のバナー

▼本人確認ジャンボの抽選画面（残高での支払い時）

> **おトク**
> 　2023 年 6 月〜8 月に開催された本人確認ジャンボでは、当選本数が 1 億 4,800 万本、1 等当選者数が 1 万 4,800 人を突破しました！

chapter 4

4 キャンペーンの適用条件や注意点

ポイントをたくさん獲得できる各キャンペーンには参加条件があり、条件
を満たさないとキャンペーンのポイントを受け取れません。キャンペーン
に参加する際は、条件を把握しておくことが大切です。参加条件は店頭ポ
スターやPayPayアプリのホームにある「ポイント」アイコン内のおトク
情報から確認できます。

⚑ 支払いに関する注意点

多くのキャンペーンでは、クレジットカードやPayPay商品券で支払った場合
にはポイント付与の対象外となります。

▼ 付与上限金額

多くのキャンペーンでは「1回の支払いにおける付与上限」「キャンペーン期間中
における付与上限」が設定されています。付与上限額に達した場合、それ以上購入
してもポイントは付与されません。

⚑ キャンペーンの早期終了

自治体のキャンペーンでは予算額が決められており、この予算に達した場合には
予定期間よりも早くにキャンペーンが終了することがあります。確実にキャンペー
ンに参加するためには、できるだけ早めに参加しましょう。

⚑ キャンペーン対象外店舗

ドラッグストアなどのチェーン店がキャンペーン対象店舗の場合、必ずしも全て
の店舗が対象とは限りません。特に、商業施設内や駅ナカの店舗は対象外とされる
ことがよくあります。

超入門

初期設定

支払い

P ポイント

クーポンと
キャンペーン

便利ワザ

セキュリティ

キャンペーン条件や付与上限の確認方法

① ホーム画面の「ポイント」をタップ

② 確認したいキャンペーンをタップ

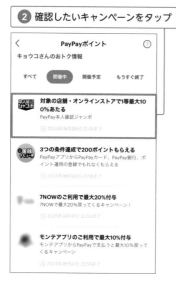

③ 付与上限額までの残り金額やキャンペーン条件を確認できる

➡ キャンペーンの詳細を確認できる

☑ Point

キャンペーン対象の決済を取消した場合は、付与予定のポイントも取消されます。

それにより付与上限枠に空きが出た場合でも、過去の他の決済の付与率は変更されません。

付与上限枠に空きが出たあと、キャンペーン適用条件を満たした決済を実施された場合にキャンペーンが適用されます。

5 スタンプカード

紙のスタンプカードは、たくさん持ちすぎて管理しにくかったり、無くしたりすることがあります。PayPay ではスタンプカードをスマートフォンの中で持つことができるので、身軽にスタンプを貯められます。

🚩 PayPay スタンプカードとは

　PayPay スタンプカードは、スタンプカードを発行している店舗で **PayPay で支払いを行うと自動的にスタンプが貯まる機能です**。自動でスタンプが付与されるため、スタンプカードを出し忘れたり、提示したりする必要がなくて非常に便利です。スタンプが貯まると、特典と交換できます。

☑ Point

スタンプが貯まる条件やもらえる特典は店舗によって異なるため、使用前に確認しておきましょう。

▼ PayPay のスタンプカード

➡ **決済と同時に自動でスタンプカードが付与されスタンプが貯まる**

スタンプカードを事前に取得する

① ホーム画面の［すべて］をタップ

➡ ホーム画面に「スタンプカード」が
表示される場合がある

② 「スタンプカード」を選択

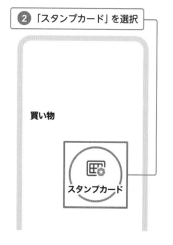

③ 「近くのお店」や「新着プレゼント」
から気になるお店を選択

④ 「フォローしてスタンプカード
を追加する」を選択して完了

Memo **PayPay スタンプカードのカ
テゴリー**

スタンプカードはカテゴリーを選んで
検索することもできます。

▼ スタンプカードのカテゴリー

➡️ お店を選択するとスタンプカードを確認できる

Memo
PayPay スタンプカードを発行している店舗で条件を満たす支払いをすると、スタンプカードを事前に取得をしていなくても、自動的にスタンプカードとスタンプがもらえます。

🚩 プレゼントチケット

　貯まったスタンプ数に応じて**プレゼントチケット**をもらうことができます。プレゼントチケットはスタンプカード加盟店でプレゼントと交換ができます。

▌ プレゼントチケットを使う方法

❶「PayPay スタンプカード」内の「My プレゼント」をタップ

❷ 使用したい「プレゼントチケット」を選択

超入門

初期設定

支払い

Ⓟ ポイント

クーポンとキャンペーン

便利ワザ

セキュリティ

125

❸「プレゼントチケットを提示する」を選択

❹ お店に確認の上「利用済み」を選択

Memo

「My プレゼント」は「スタンプカードのプレゼント」と表示されることもあります。

➡ 特典を受け取って完了

✅ Point

➡アプリトップのバナーからもプレゼントチケットを利用できる

おトク 　特典が PayPay ポイントの場合、プレゼントチケットは付与されず、ポイントが付与されます。

5

ずっと快適に使おう！
～知っておきたいコツ～

1 残高を送付する

PayPay ではお互いが PayPay を利用していれば、手軽に個人間での残高の送付が可能です。食事代の精算など、その場でさっと済ませたいときなどにとても便利です。

⚑残高の送付

PayPay（残高）は、**24 時間 365 日、手数料無料で送る**ことができます。1 円単位で金額を指定でき、1 度に 10 万円まで送付できます。口座番号などのやり取りは不要で、PayPay ユーザー同士であれば残高の送付や受け取りが行えます。取引履歴が残るのであとから確認することもできて安心です。

残高の送付方法にはいくつかありますが、ここでは「相手の QR コードを読み取って送る方法」と「携帯電話番号宛に送る」方法を紹介します。

▼ 残高を送る
https://paypay.ne.jp/guide/send/

⚑ 相手の QR コードを読み取って送る

送る相手が目の前にいる場合にはこの方法が簡単です。

相手の QR コードで残高を送る

❶ ホーム画面で「スキャン」を選択

❷ 送る相手から提示された QR コードを読み取る

Memo

残高を受け取るときに自分の QR コードを表示する方法は p.133 で解説しています。

③ 送る金額を入力し「次へ」を選択

④ 内容を確認し「〇〇円を送る」を選択

➡相手に残高を送付できた

➡相手が残高の受け取りを行うと送付が完了

➡送る相手が自動受け取りの設定をしている場合、即時で受け取りが完了

Memo

スケジューリングして、定期的に残高を送付することも可能です。ただし、設定された日の朝 8 時に残高が送られます。送る時間の指定はできません。設定方法は以下の URL を確認してください。
https://paypay.ne.jp/guide/send/

超入門

初期設定

支払い

Ⓟ ポイント

クーポンとキャンペーン

便利ワザ

セキュリティ

📐 携帯電話番号や PayPay ID で送る

　相手の電話番号や PayPayID がわかれば、受け取る相手が離れた場所にいても検索して残高の送付ができます。

携帯電話番号や PayPay ID で残高を送る

① ホーム画面で「送る」を選択

②「PayPay ID・電話番号・表示名」を選択

③ 送る相手の「携帯電話番号」か「PayPay ID」を入力

④ 表示される名前を確認し選択

➡相手が表示名を設定していない場合は電話番号が表示される

➡相手が携帯電話番号・PayPay ID での検索を無効にしている場合、検索されても検索結果に表示されない。その場合は p.128 の「相手の QR コードで残高を送る」で残高のやり取りができる

Memo
「送る・受け取る設定」は、ホーム画面右下の「アカウント」＞「設定」から確認できます。

⑤ 送る残高を入力し「次へ」を選択

⑥ 内容を確認し「○○円を送る」を選択

➡相手に残高を送付できた

➡相手が残高の受け取ると送付が完了
➡送る相手が自動受け取りの設定をし
ている場合、即時で受け取りが完了

超入門

初期設定

支払い

Ⓟ ポイント

クーポンと
キャンペーン

便利ワザ

セキュリティ

Memo
画面の右下のボタンから、テキストメッセージも送ることができます。「何の支払いに関する残高か」を知らせるなど、簡単にコミュニケーションをとることができます。

➡ テキストでメッセージを送れる

送付できる残高の種類と送る際の優先順位

　送付が可能なのは PayPay マネーと PayPay マネーライトのみで、PayPay ポイントは送付できません。残高を送る際の優先順位は、以下の順です。

① PayPay マネーライト
② PayPay マネー

残高送付の注意事項は以下の通りです。

- PayPay マネーを送りたい場合は、PayPay マネーライトを使い切り、PayPay マネーしかない状態で送る
- PayPay マネーの受け取りには本人確認が必要
- 送り手側が PayPay マネーを送付した場合でも、受け取り側が本人確認を完了していない場合は、PayPay マネーライトでの受け取りとなる

　PayPay マネーと PayPay マネーライトの大きな違いは払い出しができるかどうかです（Chapter1 p.30）。PayPay マネーは払い出し可能ですが、PayPay マネーライトは払い出しができません。PayPay マネーライトを送る場合には、受け取り側に対して、払い出しができない残高を送る旨を伝えておくのがよいでしょう。

残高を送付する際の注意点

　個人間取引において残高を送付する際は、相手が信用のおける人物であることを確認することが重要です。個人間取引で残高を送付した場合、あなたが意図して送った行為とみなされ、PayPay の補償制度の対象外となります。

2 残高を受け取る

PayPay は送付された残高を簡単に受け取り・確認できます。自動で受け取る方法も解説します。

🚩 QR コードを見せて受け取る

送る相手と一緒にいる場合は **QR コードを見せて受け取る方法**が早くて簡単です。受け取りの通知がきた際の手順は、各受け取り方法で共通です（p.135）。

▮ 自分の QR コード（マイコード）で残高を受け取る

① ホーム画面右下にある「アカウント」をタップ

② 「マイコード」をタップ

③ 表示されたマイコード（QR コード）を送り手に見せてスキャンしてもらう

超入門

初期設定

支払い

(P) ポイント

クーポンとキャンペーン

便利ワザ

セキュリティ

➡ 通知が届いたら受け取りの操作（p.135）を進める

➡ 自動受け取りの設定をしている場合、即時で受け取りが完了する

携帯電話番号や PayPay ID で受け取る

PayPay に登録した携帯電話番号（または PayPay ID）を送り手に伝える方法です。PayPay に登録した携帯電話番号や PayPay ID は PayPay アプリホーム画面右下にある**アカウント**から確認できます。

PayPay に登録した携帯電話番号や PayPay ID を確認する

❶ PayPay アプリ右下の「アカウント」をタップ

❷ 右上の「詳細」をタップ

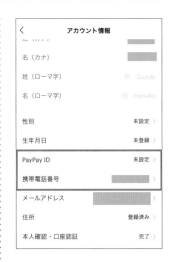

➡ PayPay ID と携帯電話番号を確認できる

➡ PayPay ID が設定されていない場合は「未設定」と表示される（PayPay ID の設定方法は Chapter5 p.142）

134

携帯電話番号や PayPay ID で残高を受け取る

① PayPay に登録した「携帯電話番号」か「PayPay ID」を送り手に伝える

ベイコ

PayPay ID : **payko1234**

➡相手が表示名を設定していない場合は電話番号が表示される

➡相手が携帯電話番号・PayPay ID での検索を無効にしている場合、検索されても検索結果に表示されない。その場合は p.128 の「相手の QR コードで残高を送る」で残高のやり取りができる

ベイ太郎さんから受け取り
依頼が届いています

➡通知が届いたら受け取りの操作を進める

➡自動受け取りの設定をしている場合、即時で受け取りが完了する

🚩 受け取りの操作

　アプリホーム画面に受け取り依頼の通知が届いたら、それを選択して受け取り操作を進めます。受け取りには 48 時間の期限があります。期限を過ぎると自動的にキャンセルされ、残高は支払い側に戻ります。

　自動受け取り設定を有効にしている場合は、操作をせずに受け取ることができます。

残高を受け取る

① ホーム画面に表示された「受け取り依頼の通知」を選択

ベイ太郎さんから受け取り
依頼が届いています

② 内容を確認し「受け取る」を選択

ベイ太郎から受け取り

10,000円

受け取り待ち

受け取る

辞退する

超入門
初期設定
支払い
Ｐ ポイント
クーポンとキャンペーン
便利ワザ
セキュリティ

➡受け取りが完了

Memo
手順❷で、残高の受け取りを辞退するとキャンセルされ、送り手に残高が戻ります。

自動受け取りの設定

❶ ホーム画面で「アカウント」を選択

❷ 設定から「送る・受け取る設定」を選択

❸ 「自動受け取りを有効にする」を選択

自動受け取りを
有効にする

➡送り手から残高を自動受け取り可能になった

3 支払い音を小さくする

PayPay の支払い時には「PayPay!」という特徴的な音が鳴り、これにより支払いが完了したことが確認できます。この機能は便利ですが、決済音が大きく響き渡り、周囲の注目を浴びてしまうことがあります。

📢 支払い時の音量設定

支払い時の「PayPay!」の決済音は初期状態では比較的大きく設定されているため、大きすぎると感じる人もいるでしょう。

この音量は調整が可能で、音量を小さく設定することもできます。**しかし、完全に音を消すことはできません。**

> ☑ Point
>
> 音量設定をする際に「PayPay!」の音声が再生されます。電車や図書館などの静かな場所で設定をすると「PayPay!」の音が鳴り響いてしまうため、音量設定は自宅など音が響いても問題のない場所で行うことをおすすめします。

▌ 支払い時の音量設定

① ホーム画面右下の「アカウント」をタップ

チラシ	取引履歴	お気に入り	すべて

PayPayの安心安全への取り組み ／ PayPayが使えるお店 順次拡大中！

ホーム｜近くのお店｜支払う｜ウォレット｜アカウント

② 「音量設定」をタップ

ポイント獲得総額（前日時点）101,240pt ／ ポイント付与予定総額（前日時点）108pt
詳細をみる >

設定

🔊 音量設定 >

Aa 文字サイズの変更 >

③ スライダーを動かして音量を調整

< 音量設定

支払い音

🔈 ━━━━━━━━━ 🔊

支払い時の「PayPay!」の音量を変更できます。ミュートにすることはできません
※支払い音の再生時には再生中の他のオーディオが一時的に停止されます

➡ **スライダーを動かすと「PayPay!」の音が再生される**

超入門

初期設定

支払い

Ⓟ ポイント

クーポンとキャンペーン

便利ワザ

セキュリティ

137

4 機種変更して新しい端末で引き継ぐには

PayPay は、スマートフォンの端末を変えても、利用している設定内容をそのまま引き継ぐことができます。

🚩 電話番号が変わらない場合

電話番号が変更されていない場合、新しいスマートフォンでも簡単に PayPay を使うことができます。新しいスマートフォンに PayPay アプリをインストールし、**PayPay に登録した電話番号とパスワード**でログインします。残高や設定などは以前の状態のままで、引き続き PayPay を利用することができます。

電話番号が変わらない場合の引継ぎ

➡ PayPay アプリをダウンロードして PayPay アプリを開く

➡ ログイン認証が表示された場合は、ログイン認証を行う

電話番号を変更した場合

電話番号を変更した場合も、PayPay アカウントの電話番号を新しい電話番号に変更することで、以前の情報を引き継いで PayPay を利用することができます。

✔ Point

新しい電話番号で PayPay に新規登録してはいけません。新規登録してしまうと PayPay のアカウントが 2 つ作成されてしまい、これらを統合することはできません。

PayPay アカウントの電話番号を変更する

① ホーム画面右下の「アカウント」をタップ

② 「アカウント情報」または右上の「詳細」をタップ

③ ホーム画面右下の「携帯電話番号」をタップ

④ 「新しい携帯電話番号に変更する」をタップ

❺ PayPay アカウントのパスワード
を入力し「認証する」または「ログイン」
をタップ

❻ 新しい携帯電話番号を入力し「携
帯電話番号を確認して SMS を送信す
る」をタップ

➡ SMS 認証コードが届く

❼ 届いた SMS 認証コードを入力して
「認証する」をタップ

Memo

携帯電話番号変更で困った場合は、
以下の URL も参考にしてください。
https://paypay.ne.jp/help/c0369/

Column　**財布からスマートフォンへ！スマートフォンが財布になる**

スマートフォンは私たちの生活に不可欠なものとなり、今後はスマートフォ
ンで支払いをするスマホ決済がさらに普及すると予測されます。
「スマホ決済」を使うことで、財布を持たなくてもスマートフォン 1 つで支
払いが可能となります。
スマホ決済には非接触型決済と QR コード決済の 2 種類があります。

● 非接触型決済

・クレジットカードや電子マネーをスマートフォンに登録して、決済時にスマートフォンをかざす方式

・モバイル Suica やクレジットカードのタッチ決済など

● QR コード決済

・スマートフォンに QR コードやバーコードを表示させて読み取ってもらうか、店頭の QR コードをスマートフォンで読み取る方式

・PayPay など

大型スーパーやコンビニでは両方の決済方式が使えますが、駅の改札では「非接触型決済」のみ、小規模店舗では「QR コード決済」のみ対応という場合もあります。これら両方を活用することで財布を出さずにスマートフォンで支払う生活スタイルを実現できます。

● PayPay でスマホ決済するメリット

・支払いがスピーディー【現金を数える・お釣りの待ち時間ゼロ】

・ポイント付与率が高い【キャンペーン時には 20~30% の付与率でおトク】

・セキュリティ面で安心【補償サービスで現金よりも安全】

・ATM で現金を引き出す手間がなくなる【日常のムダな時間をカット】

・個人間での支払いが簡単【端数までスッキリ精算】

・支払い履歴の確認ができる【会計の管理がラク】

スマホ決済の利便性とメリットを実感すれば、もう大きな財布は必要ないと感じることでしょう。スマホ決済で、より便利でおトクな生活を目指しましょう。

✓ Point

スマホ決済により日常の多くの支払いはスマートフォン 1 つでできますが、現金やクレジットカードを全く持ち歩かないのはおすすめしません。店舗によってはスマホ決済が使えない場合や、災害時は充電切れなどでスマートフォンが使えない可能性もあります。必要最低限の現金は持ち歩くようにしましょう。

超入門

初期設定

支払い

P ポイント

クーポンとキャンペーン

便利ワザ

セキュリティ

chapter 5

5 PayPay ID を設定しよう

PayPay ID とは、アカウントごとに設定できる固有の ID です。家族や友だちに残高を送ってもらう際に PayPay ID を利用します。送付相手の携帯電話番号がわからなくても、PayPay ID で相手を検索できます。

PayPay ID に利用できる文字列

- 英字（アルファベット）
- 数字
- アンダーバー (_)
- 最初の文字は英字
- 3 〜 15 文字まで
- 大文字は利用不可

PayPay ID の注意事項

注意事項は以下の 2 つです。

- PayPay ID を一度設定すると、変更や削除はできない
- 別のアカウントで使用されている PayPay ID は設定できない

PayPay ID の設定

❶ ホーム画面の「アカウント」を選択

❷ 右上の「詳細」を選択

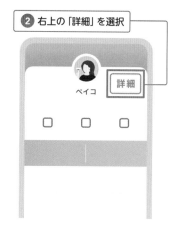

➡ アカウント情報が表示される

142

③ 「PayPay ID」を選択

④ PayPay ID を入力

⑤ 「PayPay ID を設定する」を選択

➡ PayPay ID が設定された
➡ PayPay ID で相手を検索する方法は、p.130 の「携帯番号や PayPay ID で残高を送る」の手順❶〜❸を参考にしてください。

☑ Point　**PayPay ID の考え方**

PayPay ID は一度設定すると変更や削除ができないため、慎重に設定することをおすすめします。個人情報を知られたくない場合は、ID に名前や生年月日などの情報を多く含めないよう注意してください。PayPay ID の設定は必須ではないため、必要と感じるタイミングで設定しても問題ありません。

Memo　**検索できない場合**

PayPay ID を設定していても、検索したい相手が「PayPay ID での検索設定」を無効にしている場合は検索できません。検索ができない場合は、相手に QR コード(マイコード)を表示してもらい、読み取って残高をやり取りしましょう。
マイコードの表示は p.133 の「自分のコード(マイコード)で受け取る」の手順❶〜❸を参考にしてください。

▼ 手元で表示できるマイコード

超入門

初期設定

支払い

Ⓟ ポイント

クーポンとキャンペーン

便利ワザ

セキュリティ

chapter 5 - 6 表示名を設定・変更しよう

表示名は残高を「送る・受け取る」ときに相手に表示される名前です。設定していない場合、携帯電話番号（一部伏字）が相手に表示されます。

⚑ 自分の表示名を設定する

表示名（最大 20 文字）を設定することで、受け取る相手にあなただとわかりやすくなります。表示名の変更は何度でもできます。

▼ 表示名のイメージ

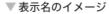

表示名の設定

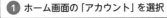

① ホーム画面の「アカウント」を選択

② 右上の「詳細」を選択

➡ アカウント情報が表示される

③「表示名」の電話番号を任意の名称に書き換える

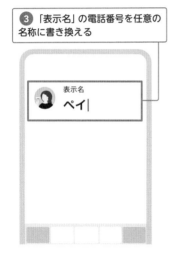

Memo

表示される画像も、デフォルトの人のシルエットから変更できます。好みの写真や画像に変更するのもおすすめです。

▼ シルエットを変更した場合

あきた　ひかる

📛 相手の表示名を変更する

PayPay で残高を「送る・受け取る」際に表示される相手の名前は、相手が設定している表示名です。そのため、電話番号などわかりにくい表示がされていることもあります。そのような場合には、相手の表示名を本名やニックネームなど自分がわかりやすい名前に変更することで相手を認識しやすくなります。

Memo

相手の表示名を変更したことは相手には通知されません。

相手の表示名を変更する

① ホーム画面の「送る」をタップ

➡過去に残高の送付や受け取りをしたことがあるユーザーが表示される

② 表示名を変更したいユーザーをタップ

超入門
初期設定
支払い
ポイント
クーポンとキャンペーン
便利ワザ
セキュリティ

③ 上部の表示をタップ

④ 「表示名の設定」をタップ

⑤ 設定したい表示名に変更

⑥ 「保存」をタップ

➡ 変更した表示名になった

よく使う機能を「お気に入り」に追加する

PayPay では、よく利用する機能を PayPay アプリのホーム画面の「お気に入り」に追加することで、素早くアクセスできるようになります。
お気に入りには最大 8 個まで設定することができます。

🚩 お気に入りの機能を登録する

PayPay のホーム画面にあるアイコン配置は固定されており、自由に並べ替えることはできません。そのため、よく利用する機能がホーム画面からすぐにアクセスできない場合、「お気に入り」に追加しておくと素早くアクセスできて便利です。初めは「取引履歴」「きせかえ」「T カード」の 3 個の機能が「お気に入り」に設定されていますがこれらは削除もできます。

「お気に入り」の設定方法

❶ ホーム画面の「お気に入り」をタップ

❷ 右上の「編集」、または「＋」をタップ

超入門

初期設定

支払い

Ⓟ ポイント

クーポンとキャンペーン

便利ワザ

セキュリティ

③ アイコンをタップして「お気に入り」に追加する（最大8個まで）

④ 「お気に入り」内のアイコンをドラッグして並び変えできる

➡「利用レポート」「支払い管理」を「お気に入り」に追加した

Memo 「お気に入り」から削除する

アイコンの右上の赤いバツマークで、「お気に入り」から削除もできます。青いプラスマークは追加の操作ができる状態です。

▼アイコンの右上のマークに注目

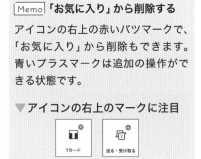

⑤ 追加・並び替えが完了したら「保存」をタップ

➡「お気に入り」の設定が完了

➡ホーム画面の「お気に入り」を開くと選択した機能が追加されている

カードきせかえで
バーコードデザインを変更

PayPay アプリのホーム画面に表示されるバーコード部分のデザインは、カードきせかえ機能で変更することができます。自分のふるさとの都道府県デザインなど、好きなデザインにして楽しめます。

▶ バーコードをきせかえて楽しもう

きせかえデザインはエンタメ、スポーツ、シティなどさまざまなジャンルがあり、アニメや映画などとのコラボによる期間限定デザインもあります。

「きせかえ」の設定

① ホーム画面の「すべて」をタップ

② 管理の中の「きせかえ」をタップ

超入門

初期設定

支払い

P ポイント

クーポンとキャンペーン

便利ワザ

セキュリティ

③ 上部のタブでカテゴリーを選択

④ 好きなデザインを選択

⑤ 「設定してホームに戻る」をタップ

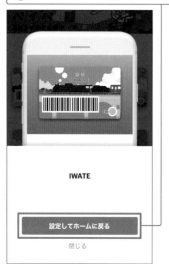

➡ きせかえ完了

☑ Point

デザインの変更を確認

① バーコードの右下の「Tap」をタップ

➡ 裏面のデザインも変更されている

Chapter

6

セキュリティを高めよう
～万が一でも安心～

1 利用上限を設定しよう

PayPayでは「支払い」「チャージ」「残高を送る機能」のそれぞれに、利用上限金額が設定されています。

🏴 PayPayの利用上限金額

PayPayの利用上限金額は、以下の表の通りです。PayPayが設定する利用上限金額には、**過去24時間以内における上限**と**過去30日間（720時間）以内における上限**があり、それぞれの上限金額を超えない範囲で利用できます。

> **Memo**
> 利用上限金額のカウント方法については、以下のURLを確認してください。
> https://paypay.ne.jp/help/c0246/

▼ PayPayで支払いをするとき

		過去24時間	過去30日間
PayPay（残高） ※ PayPay商品券の利用は、残高の上限に含まれる		50万円	200万円
クレジット （旧あと払い）※1	PayPayカード本会員	50万円	200万円
	PayPayカード家族会員	25万円	25万円
金融商品の購入※2		50万円	200万円

※1 本人確認（eKYC）が未完了の場合、上限金額が過去24時間および過去30日間で10万円となる場合があります。また、PayPayカード株式会社で別途設定されている利用可能額を超える場合は利用できません

※2 対象となる金融商品は、PayPay証券株式会社が提供するおいたまま買付における有価証券買付と、PayPay証券ミニアプリ（PayPay資産運用）、およびLINE Xenesis株式会社が提供するLINE BITMAXにおける暗号資産買付のご利用です。（2023年7月6日時点）

▼ PayPay にチャージするとき

		過去 24 時間	過去 30 日間
銀行口座		50 万円	200 万円
クレジット（旧あと払い）※1	PayPay カード本会員	50 万円	200 万円
	PayPay カード家族会員	25 万円	25 万円
セブン銀行 ATM・ローソン銀行 ATM		50 万円	200 万円
本人認証設定済み PayPay カード※2		2 万円	5 万円
ソフトバンク・ワイモバイルまとめて支払い※3		ソフトバンク・ワイモバイルまとめて支払いの利用可能額を確認してください	
ヤフオク！・PayPay フリマ※4 の売上金 ※ヤフオク！と PayPay フリマの売上金を合算した金額		50 万円	200 万

※1 本人確認 (eKYC) が未完了の場合、上限金額が過去 24 時間および過去 30 日間で 10 万円となる場合があります。また、PayPay カード株式会社で別途設定されている利用可能額を超える場合は利用できません

※2 青いバッジが表示されている場合は、上限金額が過去 24 時間および過去 30 日間で 25 万円まで引き上げられます

※3 ソフトバンク・ワイモバイルまとめて支払いでチャージする場合は、毎月 2 回目以降 2.5%（税込）の手数料が発生します

※4 2023 年秋にサービスの名称が「PayPay フリマ」は「Yahoo!フリマ」に変更、「ヤフオク！」は「Yahoo!オークション」に変更されます。https://paypayfleamarket.yahoo.co.jp/notice/other/post_655/

▼ PayPay（残高）を送るとき※1

過去 24 時間	過去 30 日間
10 万円	50 万円

※1 一度に保有できる残高の上限額は、PayPay マネー、PayPay マネーライトそれぞれで 100 万円までです

　実際、PayPay により設定された利用上限額は数十万〜数百万と高いと感じるかもしれません。そのような場合は、利用者が 1 日や 1 カ月ごとの利用可能額を設定できます。これにより使いすぎを防止でき、利用金額が設定額を超えると自動で制限がかかり、設定した期日まで利用できなくなります。利用可能額を設定しておけば、万が一不正利用された場合でも被害を最小限に抑えることができます。

☑ Point

利用可能額の変更には SMS 認証が必要となります。これにより、他人が別の端末から利用可能額を変更することはできない仕組みになっています。

超入門

初期設定

支払い

P ポイント

クーポンとキャンペーン

便利ワザ

セキュリティ

利用可能額の設定

① ホーム画面右下の「アカウント」をタップ

② 「セキュリティとプライバシー」をタップ

③ 「利用可能額の設定」をタップ

④ 「支払い」をオンにする

➡ここでは「支払い」の金額を変更する
➡「支払い」「友だちに送る」「チャージ」それぞれで利用可能額を設定可能

⑤ 「1日あたりの利用可能額」をタップ

支払い	
1日あたりの利用可能額	50,000 円 ›
1ヶ月あたりの利用可能額	300,000 円 ›
設定する	
キャンセル	

6 金額を指定する

➡ 1か月あたりの利用可能額も同様に指定する

7 「設定する」をタップ

➡ SMS で認証コードが届く

8 SMS で届いた認証コードを入力

➡設定が完了した

Memo
SMS で届く認証コードの有効期限は10分です。

▼ SMS で届く認証コード

超入門
初期設定
支払い
Ⓟ ポイント
クーポンとキャンペーン
便利ワザ
セキュリティ

155

chapter 6

2 パスワードを忘れたときの対処法

PayPay は一度ログインすると、毎回パスワードを入力する必要はありませんが、長い間アプリを起動しなかった場合などはパスワードの入力が求められます。パスワードを忘れてしまったら、再設定しましょう。

▶ PayPay のパスワードを再設定するには

PayPay では新規登録時にパスワードを設定します (Chapter1 p.25)。パスワードを忘れてしまい「パスワードが間違っています」と表示され、ログインできない場合は、**PayPay アカウントに登録している携帯電話番号**でパスワードの再設定が可能です。

パスワードの再設定

❶ 「ログイン」をタップ

❷ 「パスワードをお忘れですか？」をタップ

❸ PayPay に登録している携帯電話番号を入力し、「送信する」をタップ

❹ 携帯電話番号あての SMS に送信されたリンク (URL) をタップ

5 新しく設定するパスワードを
入力し、「リセット」をタップ

➡パスワードの再設定が完了

Memo
設定の途中で「画面がフリーズして動かない」「画面が真っ白になる」などアプリの操作ができなくなった場合は次の操作を試してください。

・PayPay アプリを最新版に更新
・端末本体を再起動
・PayPay アプリの再インストール
・OS を最新の状態にアップデート
・PayPay 公式サイトで何か関連情報が掲載されていないか確認

☑ Point 再設定が終わったら

パスワードの再設定を行うと、アカウントでログインしている全ての端末の PayPay アプリから、自動でログアウトされます。変更後のパスワードで再度ログインして利用してください。

Column パスワード変更でよくあるトラブル

パスワード変更でよくあるトラブルは、PayPay の公式サイトに解決策が掲載されています。
それぞれの URL から確認してください。
▼「現在ご利用が制限されています」と表示され、ログインできない
https://paypay.ne.jp/help/c0023/

▼ SMS 認証コードが届かない
https://paypay.ne.jp/help/c0012/

▼ログインできる状態でパスワードを確認変更したい
https://paypay.ne.jp/help/c0019/

chapter 6

3 スマートフォンを失くしたときの対処法

PayPay がインストールされたスマートフォンを紛失した場合、第三者に
よる不正利用などが懸念されます。スマートフォン紛失時の適切な対処法
を把握しておきましょう。

🚩 PayPay の専用窓口に連絡する

PayPay にはスマートフォンを失くしたときのための専用窓口があり、24 時間
365 日対応しています。この窓口に連絡することで一時的に PayPay のアカウン
トを停止させ、不正利用を防ぐことができます。

▼ PayPay 携帯電話紛失・盗難専用窓口

電話番号：0120-990-633
営業時間：24 時間受付 / 土日祝日を含む 365 日
※紛失・盗難専用窓口のため、操作方法などのお問い合わせは上記窓口では受けつけていません。
　通常のお問合せは「https://paypay.ne.jp/help/」からお問合せください。

☑ Point

窓口に連絡をする際には、登録電話番号とユーザー ID を伝えると手続きがスムー
ズです。ユーザー ID (PayPay 登録時に自動発行される 16 桁の英数字) は覚えるの
が難しいため、あらかじめメモをして保管しておくことをおすすめします。

ユーザー ID の確認方法

**①ホーム画面右下の「アカウント」を
タップ**

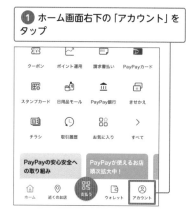

➡ **画面の一番下でユーザー ID を確認
できる**

■ 携帯キャリアに連絡してスマートフォンを利用停止にする

　スマートフォンを紛失した場合は、速やかに利用中の**携帯キャリア**にも連絡をしましょう。どのキャリアも 24 時間電話対応しており、遠隔操作でスマホをロックしたり、各種サービスを一時的に停止したりすることが可能です。これにより、不正利用や個人情報の漏洩リスクを最小限に抑えることができます。

■ 日頃からセキュリティ設定をしておくと安心！

　日常的にスマートフォンのセキュリティ設定をしておくことで、紛失時の被害を最小限に抑えることができます。**PayPay の利用可能額**（Chapter6 p.153）や**PayPay アプリの端末認証**（Chapter6 p.160）の設定をしておきましょう。

Memo

スマートフォンには写真、連絡先など多数の個人情報が保存されているため、スマートフォンの画面ロックの設定をすることも重要です。画面ロックをしておけば紛失した場合でも第三者がスマートフォンを操作することができず、情報流出を防ぐことができます。

Column　**PayPay のセキュリティ VS 現金**

　スマホ決済は、スマートフォンを失くしたら他人にお金が使われてしまうのではないかと心配する人もいるでしょう。しかし、財布の中の現金とスマートフォンの中の PayPay を比較した場合、実は PayPay の方が安全性が高いといえます。

　財布を紛失した場合、中身の現金は戻ってこない可能性が高いです。一方、スマートフォンを紛失しても、スマートフォンに顔認証やパスコードなどのロックをかけていれば、他人がスマートフォンの中の情報にアクセスすることはできず、PayPay が他人に勝手に使われてしまう心配もありません。

　万一 PayPay が不正利用されてしまった場合でも、PayPay の補償制度により被害の全額が補償されます。そのため、PayPay は現金よりもセキュリティ面で安全といえるでしょう[※]。

※被害に遭われた方に故意または重大な過失などがあった場合は、補償できない場合があります。

4 PayPay アプリの端末認証を 設定しよう

PayPay では端末認証を設定できます。端末認証とは PayPay アプリ起動時にスマートフォンに設定した認証方法（顔認証、指紋認証、パスコードなど）でアプリのロックを解除する機能です。パスワードを入力するよりも簡単かつ迅速に認証を行うことができます。

🚩 端末認証のメリット

端末認証の設定を行うと、PayPay アプリを起動する際には必ず認証（顔認証、指紋認証、パスコードなど）が求められ、認証を行わないとアプリを開けません。他人による PayPay の不正利用を防ぎ、盗難や紛失時なども安心です。

端末認証の設定

① PayPay アプリ右下の「アカウント」をタップ

② 「セキュリティとプライバシー」をタップ

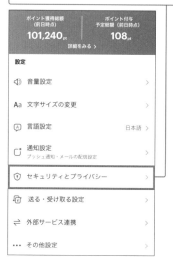

❸ 「端末の認証を有効にする」を
オンにする

❹ 「Face ID を使用する」を
タップして認証を行う

➡ 端末によって認証方法が変わる

➡ 認証を行うと設定が完了

☑ Point

➡ PayPay アプリ起動時に求めら
れる認証を解除すると、ログインで
きるようになる

Memo 「Face ID の設定を確認してください」と表示されたら

❶ 「設定を確認する」をタップ

➡ 端末の「設定」アプリが開き、
Face ID が利用できるように設定
を変更できる

❷ 「Face ID」のスイッチ
をオンにする

➡ PayPay アプリに戻り、端末認
証の設定を行う

超入門

初期設定

支払い

P ポイント

クーポンと
キャンペーン

便利ワザ

セキュリティ

5 フィッシング詐欺に注意！

PayPay の名前を騙ってメールや SMS を送信して、本物そっくりな偽サイトに誘導し、個人情報を詐取しようとするフィッシング詐欺が確認されています。このような詐欺には十分注意しましょう。

■ フィッシング詐欺とは？

フィッシング詐欺とは、メールや SMS で本物そっくりの偽サイトに誘導して、パスワードやクレジットカード情報などの個人情報を盗み出す行為です。万が一、偽サイトで個人情報を入力した場合、その情報が不正に利用され、あなたになりすましてサービスを利用されたり、個人情報自体が闇市場で売買されたりする可能性があります。

■ フィッシング詐欺被害にあわないための対策

フィッシング詐欺に利用されるメールや SMS は本物そっくりなため、見分けるのが困難です。身に覚えのないメールや SMS に記載されている URL は絶対に開いてはいけません。

PayPay からのお知らせの確認は公式ウェブサイト（https://paypay.ne.jp/）を利用しましょう。また、取引履歴やお支払いなど個人に関わる情報は PayPay アプリから確認しましょう。

■ アカウント盗用・不正利用が疑われる被害にあったとき

PayPay アプリの取引履歴や残高の明細に、見知らぬ取引がある場合は、速やかに PayPay お客様サポート窓口まで連絡してください。不正利用が疑われる場合はさらなる被害から守るため、アカウントを停止します。

▼ PayPay お問い合わせ窓口
電話番号：0120-990-634
窓口時間：24 時間受付 / 土日祝日を含む 365 日
※電話番号のかけ間違いにご注意ください。

6 子供（未成年）が PayPay を使う際の 注意点

子供のお小遣いや仕送りに PayPay を利用する家庭が増えています。未成年者が PayPay を安全に利用するためのポイントを解説します。

超入門

初期設定

支払い

P ポイント

クーポンとキャンペーン

便利ワザ

セキュリティ

PayPay は子供でも使えるの？

PayPay は、保護者の同意があれば未成年者でも利用することができます。**子供自身のスマートフォン**と**携帯電話番号**を持っていれば大人と同じように PayPay に登録できます。

PayPay を利用することで、お金を持っていない子供に離れた場所から残高を送付したり、買い物の履歴を確認したりできるなど現金にはないメリットがあります。

残高の管理

未成年者はクレジットカードは利用できないため、**PayPay（残高）**を使うことになります。子供名義の銀行口座を登録してチャージすることも可能ですが、子供がチャージをするのは使いすぎのリスクがあるため、**保護者が子供に残高を送付する方法がおすすめです**。

金銭感覚

PayPay を利用することで、実際の現金を使わないため、お金を使った感覚が薄れてしまう可能性があります。そのため、**どのような商品にいくら使っているかを取引履歴で定期的にチェックさせる**などの教育も重要です。

セキュリティ対策

子供は**パスワード管理**や**セキュリティの重要性**を十分に理解していないことが多いため、パスワードを他人に教えたり、知らない人に残高を送ったりしてはいけないことなどを十分説明し理解させましょう。

オンラインショップでの購入

一部のオンラインショッピングサイトでは PayPay での支払いが可能なため、子供が保護者に無許可で商品を購入する可能性があります。適切でない商品の購入

や、誤って高額な商品を購入する可能性もあるため**利用可能額**（Chapter6 p.153）を設定するか、**オンラインショッピングについては保護者の許可を得るなどのルールを決めておきましょう。**

　以上のような点に気をつけることで、未成年者でも安全かつ便利に PayPay を利用することができます。

Column　**給料が PayPay になる？**

. . . .

2023 年 4 月から**賃金のデジタル払い**が解禁され、コード決済など電子マネーを利用した給与受け取りが認められました。資金移動業者の口座※への預け入れは 100 万円までという上限がありますが、給与受け取りの選択肢や自由度が広がります。賃金のデジタル払いの特徴、メリットは以下の通りです。

- **賃金のデジタル払いの特徴**
  - ・労働者の同意が必要であり、強制はされない
  - ・希望しない人は従来通り銀行口座などで給料を受け取れる
  - ・口座の残高は現金化（払い出し）も可能
  （毎月最低月 1 回は手数料負担なしで受け取れる）

- **賃金のデジタル払いのメリット**
  - ・給与が直接アプリに振り込まれることで、ATM での出金やチャージの手間を省ける

セキュリティ面については、万一資金移動業者が破綻した場合、保証機関から弁済が行われます。さらに、不正利用が発生した場合でも、口座所有者に過失がなければ全額が補償されます。

▼厚生労働省　資金移動業者の口座への賃金支払（賃金のデジタル払い）について
https://www.mhlw.go.jp/stf/seisakunitsuite/bunya/koyou_roudou/roudoukijun/zigyonushi/shienjigyou/03_00028.html

賃金のデジタル払いはまだ解禁されたばかりの新しい制度であるため、今後の動向に注目しながら自分に最適な給与受け取り方法を選びましょう。

※厚生労働大臣が指定した資金移動業者のみ。

Index

■本書サポートページ

https://isbn2.sbcr.jp/19985/

• 本書をお読みいただいたご感想を上記URLからお寄せください。
• 上記URLに正誤情報、本書の関連情報を掲載しておりますので、併せてご利用ください。

■著者プロフィール

坂井きょうこ（スマっ子）

日常の買い物はスマホ決済を積極的に利用し、効率的でお得な決済方法を使い分けている。キャッシュレス決済のメリットやお得に関する情報をYouTube、ブログ、X（旧Twitter）で発信しており、初心者にもわかりやすく伝えることを心掛けている。

YouTube：スマっ子のお得キャッシュレスCH
X（旧Twitter）：@SmakkoCashless
ブログ：https://smakko-cashless.com/

PayPayではじまる最高に便利でおトクな生活 [PayPay公式ガイドブック]

2023年 10月 6日　初版第1刷発行

著　者	坂井 きょうこ（スマっ子）
発行者	小川 淳
発行所	SBクリエイティブ株式会社
	〒106-0032 東京都港区六本木2-4-5
	https://www.sbcr.jp/
協　力	PayPay株式会社
カバーデザイン	米倉英弘（株式会社細山田デザイン事務所）
編集	本間千裕
本文デザイン・制作	クニメディア株式会社
印　刷	株式会社シナノ

落丁本、乱丁本は小社営業部（03-5549-1201）にてお取り替えいたします。
定価はカバーに記載されています。

Printed in Japan ISBN978-4-8156-1998-5